U0566530

本书受国家社会科学基金青年项目「马克思不平等、消费不足和经济危机理论的现代化研究」(16CJL001)资助

不平等与经济危机

基于马克思主义政治经济学视角

贺大兴 著

Inequality and Economic Crisis

From the Perspective of Marxist Political Economy

社会科学文献出版社

摘 要

工业革命以来，有两个现象引人注目。一是世界国别之间的经济不平等程度、国内经济不平等程度总体上呈上升趋势。二是世界经济波动频繁，金融危机、经济危机此起彼伏。经济不平等是不是经济危机的原因，这是本书试图回答的问题。

本书的主要工作是利用现代数学工具，拓展马克思的经济危机理论，研究经济不平等触发经济危机的传导机制，并用跨国数据检验马克思的理论预测。

在理论部分，本书做了两方面的尝试。一是利用"非齐次偏好"假设研究马克思的生产力和消费力关系理论。本书发现，不平等有助于培育小众市场，这会激励企业创新，研发新产品。与此同时，不平等也会缩小大众市场的规模，这会降低劳动者的生产率。生产力和消费力之间的矛盾，使得经济可能处于不稳定状态。这是不平等对经济稳定性的直接影响。二是利用"有限理性"假设研究马克思两部类模型下不平等的影响。本书发现，企业的适应性学习行为和随机选择行为，可能会导致经济失衡。不平等放大了经济失衡的可能性，最终导致经济危机。这是不平等对经济稳定性的间接影响。

在实证部分，本书利用跨国面板数据，借助宏观增长回归模型，研究了经济不平等对经济增长和经济波动的影响。本书发现，不平等增加会显著减缓经济增长速度，加剧经济波动程度。这些发现和马克思的理论预测相符。

关键词： 不平等　经济危机　经济增长

Abstract

Since the industrial revolution, two phenomena have been striking. First, the economic inequality between the countries of the world and the economic inequality within the countries are increasing. Second, the world economy fluctuates frequently. The financial crisis and economic crisis are the common phenomenons in the last two centuries. Whether economic inequality is the cause of the economic crisis is the question this article is trying to answer.

The main work of this paper is to use modern mathematical tools to expand Marx's theory of economic crisis, to study the transmission mechanism of economic inequality triggering economic crisis, and to test Marx's theoretical prediction with international panel data.

In the theoretical part, the research makes two attempts. One is to study Marx's theory of the relationship between productivity and consumption power by using the hypothesis of "non-homogeneous preference". This paper finds that economic inequality helps nurture niche markets, which motivates firms to innovate and develop new products. At the same time, inequality will also reduce the size of the mass market, which will reduce the productivity of workers. The contradiction between productivity and consumption power makes the economy likely to be in a state of instability. This is the direct impact of inequality on economic stability. The second is to study the influence of inequality under Marx's two model by using the hypothesis of "finite rationality". This paper finds that the adaptive learning behavior and random selection behavior of enterprises may lead to economic imbalance. Inequality magnifies the possibility of economic imbalances and ultimately leads to an economic crisis. This is the indirect impact of inequality on economic stability.

In the empirical part, the research studies the influence of economic inequality on economic growth and economic fluctuation by using the transnational panel data and the macroscopic growth regression model. The research finds that the increase of inequality will significantly slow down the economic growth rate and increase the degree of economic fluctuation. These findings are consistent with Marx's theoretical predictions.

Keywords: Inequality; Economic Crisis; Economic Growth

目 录

第一章 绪论 ………………………………………………… 001
  第一节 深入挖掘马克思经济危机理论的现实考量 ………… 001
  第二节 借助数学工具解读马克思经济危机理论的必要性
    …………………………………………………………… 004
  第三节 从理论研究到经验检验 ……………………………… 005
  第四节 研究意义与创新 ……………………………………… 007

第二章 有关不平等与经济危机的研究进展 ………………… 010
  第一节 关心本质的马克思 …………………………………… 011
  第二节 定性与定量相结合的中国学者研究进展 …………… 016
  第三节 侧重现象解读的西方学者研究 ……………………… 025
  第四节 小结 …………………………………………………… 043

第三章 经验证据：经济危机与不平等的变化趋势 ………… 044
  第一节 引言 …………………………………………………… 044
  第二节 不平等与经济危机的定义和衡量 …………………… 045
  第三节 历史证据：金融危机与经济衰退 …………………… 049
  第四节 现实证据：2008年次贷危机后不平等的变化情况 … 058
  第五节 小结 …………………………………………………… 060

第四章　机制研究Ⅰ：消费力和生产力的矛盾 …………… 061
- 第一节　引言 ………………………………………………… 061
- 第二节　消费者与厂商的行为 ……………………………… 063
- 第三节　均衡状态下经济的演化情况 ……………………… 069
- 第四节　稳态下经济平等程度对经济增长的影响 ………… 076
- 第五节　不平等对经济周期程度的影响 …………………… 079
- 第六节　小结 ………………………………………………… 084

第五章　数值模拟Ⅰ：揭示经济平等和经济稳定之间的关联 …… 086
- 第一节　稳态下不平等对经济的影响 ……………………… 086
- 第二节　经济周期下不平等对经济的影响 ………………… 090
- 第三节　小结 ………………………………………………… 094

第六章　机制研究Ⅱ："有限理性"下不平等与经济结构性失调
…………………………………………………………………… 095
- 第一节　引言 ………………………………………………… 095
- 第二节　有限理性及其常见的数学表示方法 ……………… 097
- 第三节　适应性学习下不平等对经济结构失调的影响 …… 099
- 第四节　随机选择下不平等对经济结构性失调的影响 …… 105
- 第五节　小结 ………………………………………………… 108

第七章　数值模拟Ⅱ：直观展示不平等对经济危机的影响 …… 109
- 第一节　适应性学习下不平等对经济危机的影响程度 …… 109
- 第二节　随机选择下不平等对经济危机的影响程度 ……… 124
- 第三节　小结 ………………………………………………… 129

第八章　计量检验：不平等对经济增长和经济波动的影响 …… 131
　第一节　引言 …………………………………………………… 131
　第二节　回归模型的基本假设 ………………………………… 131
　第三节　数据来源及数据处理 ………………………………… 133
　第四节　研究方法和计量策略 ………………………………… 140
　第五节　主要的回归结果 ……………………………………… 142
　第六节　对回归结果的稳健性检验 …………………………… 143
　第七节　小结 …………………………………………………… 153

第九章　不平等的经济后果与马克思的理论预测相符 ………… 155
　第一节　不平等增加会显著降低经济增长率，加剧经济
　　　　　波动程度 …………………………………………… 155
　第二节　本研究的不足与展望 ………………………………… 155

参考文献 ………………………………………………………… 157

附录 A　第二章相关公式的推导 ……………………………… 166

附录 B　第四章相关公式的推导 ……………………………… 167

附录 C　第六章相关公式的推导 ……………………………… 174

附录 D　第七章相关公式的推导 ……………………………… 175

第一章 绪论

> 一种科学只有在成功地运用数学时，才算达到了真正完善的地步。
>
> ——〔法〕保尔·拉法格：《忆马克思》①

第一节 深入挖掘马克思经济危机理论的现实考量

《资本论》出版已超过150年。150余年来，世界已和马克思所处的时代有了巨大的不同。垄断资本主义、金融寡头、第一次世界大战、社会主义国家出现、大萧条、"人类历史上的第一个五年计划"、第二次世界大战、殖民地国家纷纷独立、社会主义国家建立、福利国家和市场社会主义兴起、第三次科技革命、布雷顿森林体系崩溃、石油危机、滞涨、冷战与美苏争霸、苏联解体、东欧和中欧社会主义国家转型、休克疗法、新自由主义在全球取得话语权、金融自由化与次贷危机、深度学习、大数据与人工智能等新现象、新技术、新理论、新观点层出不穷，应接不暇。

150多年来，特别是二战之后，世界经济发展模式、经济结构

---

① 苏共中央马克思列宁主义研究院编《回忆马克思恩格斯》，胡尧之等译，人民出版社，1957，第73页。

呈现巨大的变化。一是世界经济整体上保持增长态势。世界银行数据显示，1960年，世界各国人均实际GDP约为3736.88美元。2017年，增长至10636.26美元，年均增长率1.85%（见图1-1）。① 二是发达国家的国内差距呈现先降后升的"U"形发展趋势。以美国为例。1870年前后，美国最富有的前10%人口拥有的社会财富比例超70%，1910年更是高达80%。1950~1970年，在福利国家和社会保障政策等的影响下，此比例有所下降，接近65%。2010年，此比例再次回升至70%。[1] 三是国与国之间的收入差距扩大。1960年，经合组织和美国的人均实际GDP分别为11444.74美元和17550.57美元，是世界平均水平的3.06倍和4.70倍。2017年，经合组织和美国的人均实际GDP分别为39079.58美元和53128.54美元，是世界平均水平的3.67倍和5.00倍。1982年，低收入国家的人均实际GDP为594.11美元，是经合组织的9.56%和美国的2.72%。2017年，低收入国家的人均实际GDP约为745.94美元，是经合组织的1.91%和美国的1.40%。整体来看，发达国家和低收入国家的收入差距在逐渐扩大。四是经济危机频繁爆发，世界经济动荡不安。20世纪80年代拉美国家的主权债务危机（比如阿根廷，1979~1985年；智利，1981~1983年；秘鲁，1981~1983年；乌拉圭，1981~1984年）、1997年的亚洲金融风暴、2001年的美国科技泡沫、2008年的次贷危机、2009年的欧洲主权债务危机，都造成了短则一两年、长则十几年的经济衰退，部分国家GDP损失甚至高达30%。[2]

　　二战之后世界经济的发展变化，特别是发达国家新的变化，对马克思主义政治经济学提出了新的挑战。按照经典马克思主义的论述，资本主义国家的不平等是资本主义制度和基本矛盾的必然产物，不平等会加剧资本主义的基本矛盾，甚至加速资本主义的灭亡。马

---

① 人均实际GDP以2010年不变美元计算。

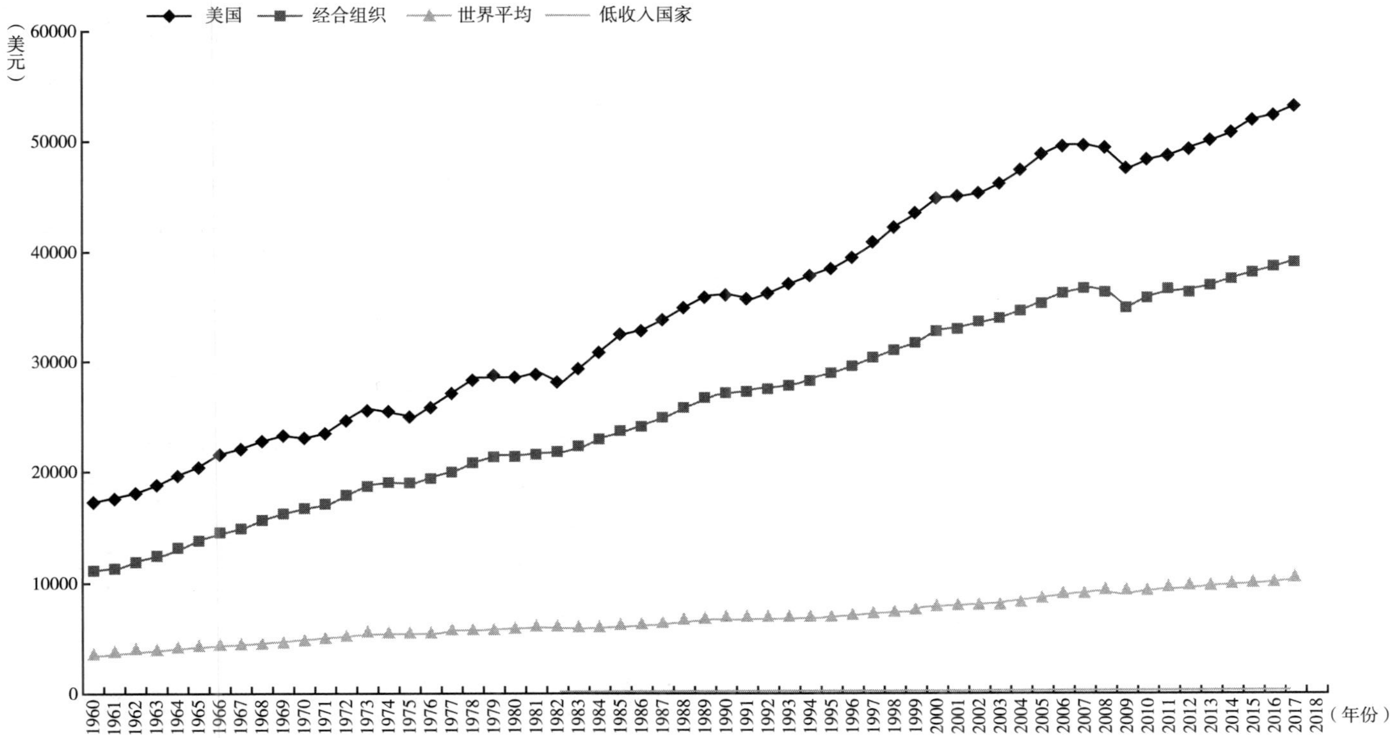

图 1-1 人均实际 GDP 增长情况

资料来源：世界银行。

克思的论述有一定的道理，二战后西方发达国家也在通过各种方式（比如推行福利国家政策、加强社会保障等）缓和社会的不平等程度。但与此同时，经过二战后 70 多年的发展，西方发达国家仍然主导着国际经济格局，在经济发展速度上也快于世界平均水平。这也是不容否认的事实。理论和事实并不完全一致，这就需要我们深入挖掘马克思经济危机理论，仔细考量不平等与经济危机、经济增长之间的关联，弥补理论和事实之间的差距。

第二节　借助数学工具解读马克思经济危机理论的必要性

马克思对于经济危机有着系统的论述，其中关于不平等和经济危机的理论更是马克思主义政治经济学的重要内容。

马克思认为，财富不平等会导致生产和消费之间出现对抗性冲突（见图 1-2）。资本积累使得生产力有无限扩大的趋势（正面效应），财富集中会导致社会的有效需求不足（负面效应）。资本家逐利的本性和工人弱势的地位使得这种矛盾无法克服，经济将以崩溃告终。[3]

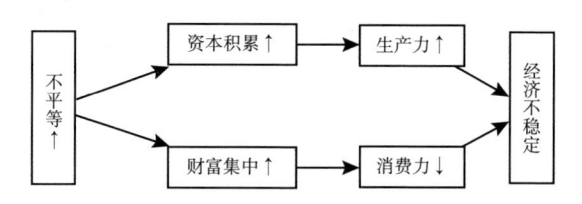

图 1-2　不平等对经济稳定的影响

不平等加剧生产力和消费力之间的矛盾，最终导致经济危机。这是不平等影响经济稳定性的一个最为直接的传导机制。马克思对这一个机制的揭示非常清晰，也非常有说服力。在 2007 年次贷危机之后，无论是畅销书（如《危机经济学》[4]），还是专业的学术研究（如阿特金森、皮凯迪等的研究[5,6]），都把马克思的生产力和消费力冲突理论或者消费不足理论视为解释经济危机的一项重要理论。但生产力和消费力冲突理论在传播过程中也遇到了一个很难克服的困难：从形式上讲，它是一个非均衡理论，很难在当前常见的一般均衡框架下将其传导机制模型化。这就产生了一个非常有趣的现象：社会大众认识到消费不足的危害，普遍反对经济不平等；但在学术界由于无法模型化生产力和消费力冲突理论，相当数量的经济学家选择对其视而不见，转而研究和肯定不平等对生产的正面促进作用。[7]这会给社会带来误解，以为生产力和消费力冲突理论仅仅是马克思的一家之言，而不是具有一般普遍性的规律。2015年11月，习近平总书记在中共中央政治局第二十八次集体学习时强调，要发展当代中国马克思主义政治经济学。马克思的不平等视域下的经济危机理论，作为政治经济学的经典内容，更是有必要和时代结合、和中国国情结合，不断发展。

马克思对经济危机的精辟分析，指出了资本主义国家经济危机的必然性，但这一科学的理论在国际上特别是发达国家新自由主义占据经济学主流的情况下难以得到有效的传播。如何借助主流的数学工具，将马克思经济危机理论用学术界更为熟悉的方式呈现出来，这是摆在马克思主义研究者面前的重要课题。有鉴于此，本书试图借助当代主流的研究框架和数学工具，对马克思的经济危机理论进行模型化处理，更好地揭示不平等和经济危机之间的传导机制，促进马克思经济危机理论在学术界和社会的广泛传播。

第三节　从理论研究到经验检验

本书根据作者已有研究[8]和课堂讲义整理而成，主要分为两部分。一是从理论层面分析不平等影响经济稳定的机制，二是从经验角度检验马克思的理论预测。

理论方面的研究包括两部分。一是不平等对经济周期的影响。这一部分内容是对马克思有关生产力与消费力关系理论的发展。马克思认为，生产力与技术水平、资本水平有关。消费力与绝对的生产力无关，与生产资料占有的不平等有关。资本积累能够促进产出的增长，但也会加大贫富差距，导致消费萎缩，最终造成经济不稳定。本书借助"非齐次偏好"理论以及马斯洛的需求理论，研究了马克思的这一思想。我们发现，如果消费者的需求存在优先顺序，那么不平等就会通过改变市场结构的方式来影响经济的稳定性：不平等能够产生一个奢侈品市场。这个市场是一个小众市场。小众市场的存在能够激发企业不断创新，生产新的产品，最终促进经济增长；平等能够产生一个普通品市场。这个市场是一个大众市场。大众市场的存在，能够让劳动者适应现代社会，提高劳动生产率。小众市场和大众市场存在矛盾，这个矛盾与不平等程度有关。极端不平等有利于小众市场，不利于大众市场。极端平等的效果则相反。在经济不平等严重的情况下，小众市场有扩大生产的需求，大众市场有市场萎缩的风险。两者的矛盾导致经济的不稳定。

二是不平等对经济危机的影响。这一部分内容是对马克思两部类模型的拓展。马克思在经典的两部类模型中论证了社会化大生产的条件。马克思认为，只有两个部类之间彼此的需求恰好相等时，社会才能顺利实现资本流转。马克思认为两部类之间的"均衡"是脆弱的。结构失调才是资本主义社会的常态。本书借助有限理性模型研究了马克思的这一思想。在经营者的信息有限、能力有限的情况下，企业不可能准确预测消费者和其他企业的需求。一般情况下，企业只能根据过去的信息进行适应性的学习和决策，在不平等的推动下，必然会出现产出剧烈波动、生产相对过剩的现象。在社会化大生产中，企业的有限理性使经济有结构失调的可能性。不平等将这一可能性转化为现实，可以认为这是不平等对经济稳定性的间接影响。

在实证部分，我们利用跨国面板数据，借助宏观增长模型，研究了不平等对经济增长和经济波动的影响。在控制其他因素的情况下，我们发现不平等会减缓经济的增长，加剧经济的波动。这一发现和马克思的理论预测是一致的。

本书余下部分的结构如下。第二章为文献综述，介绍马克思、西方经济学和国内对不平等、经济危机及两者之间关联的研究。第三章为经验证据，主要是研究历史上大的经济危机期间不平等的变化情况。第四章为机制研究Ⅰ，主要是利用"非齐次偏好"理论，在一般均衡的框架下，研究马克思主义政治经济学视角下不平等对经济危机的传导机制。第五章为数值模拟Ⅰ，主要是用数值方法模拟第四章的结论。第六章为机制研究Ⅱ，主要是在有限理性和非均衡理论的框架下，借助马克思的两部类和多企业模型，研究不平等对经济危机的影响。第七章为数值模拟Ⅱ，主要是用数值方法检验第六章的结论。第八章为计量检验，主要是在宏观增长计量的框架下，利用跨国面板数据检验第四至七章的结论。第九章为结论部分，总结全书，并对未来的研究提出展望。

为方便阅读，本书所有的数学推导都放在附录部分。

第四节　研究意义与创新

一　理论意义

相对于已有研究，本书的学术价值主要体现在四个方面。第一，在把握马克思理论精髓的前提下，对消费不足理论进行了简化和形式化。要准确理解马克思的经典理论，需要一定的哲学、经济学、政治学、历史学基础，这对普通研究者而言难度较大。因此，在尊重和保证马克思原意的情况下，简化和形式化殊为必要。第二，为理解和模型化马克思经济理论的其他内容提供了平台。生产资料占有的不平等是马克思主义政治经济学大部分内容研究的前提。消费不足理论是生产资料不平等的一个结果。因此，模型化不平等、消费不足和经济危机之间的关联，一定程度上也可以为研究其他问题提供借鉴。第三，细化和深化了消费不足理论的传导机制，推动了马克思主义不平等理论的整体化和现代化。通过梳理消费不足理论核心概念之间的传导机制，更为清晰地揭示各个概念在整个理论体系中的地位和作用，以及马克思不平等和消费不足理论的脉络和整体框架。第四，实现了模型处理方法上的创新。传播马克思理论的困难之一是很难在主流框架中对其进行模型化处理，本书的工作一定程度上对马克思理论的现代化有所推动。

二　现实意义

本书的应用价值主要体现在三个方面。第一，揭示了消费不足对经济危机的传导机制，有助于政府在经济新常态下采取更为合理的扩大内需、保持经济稳步增长的政策。第二，揭示了不平等在消费不足和经济危机中的作用，有助于社会更好地理解马克思经典理论的科学性，推动社会和政府更为重视社会公平，进而早日实现共同富裕的目标。第三，推动马克思主义跨学科之间的传播。当前，社会科学形式化、模型化已经成为普遍现象。这是学科发展的大趋势，马克思主义的研究者不可能置身事外。只有主动转型，才能更好地将马克思主义的真理传播到其他学科。

三　主要创新

本书的创新主要体现在两个方面。

一是本书对马克思经济危机理论的数学化、形式化处理，有助于马克思主义的传播。马克思主义理论关注经济波动、经济危机现象背后的本质，对经济危机的解释比西方经济学更具有说服力。但客观上讲，马克思经济危机理论在学术界、社会上的传播力度不够，影响力也不够。其中一个原因就是马克思主义理论在数学化、形式化方面的工作不够深入。马克思本人也高度重视数学的作用，认为成熟的学科必须运用数学。但遗憾的是，这一方面的工作还不够丰富，马克思经济危机理论在很大程度上还停留在思辨层面，不够现代化、不够精细化，这不利于马克思经济危机理论的传播。在一个规范的框架之内研究马克思关于不平等促发经济危机的机制是本书的主要工作，也是本书第一个可能的创新。

二是本书对马克思经济危机理论的实证研究，有助于检验马克思理论的真理性。马克思主义政治经济学中有很多对资本主义发展规律、发展趋势的论断，这些论断本来应该成为检验马克思理论真理性的良好素材。但遗憾的是，学术界在研究马克思理论时，过于重视理论推演，疏于实证检验，这也是影响马克思经济危机理论广泛传播的原因。本书利用跨国面板数据，在宏观增长回归模型的基础上研究不平等的经济后果，进而检验马克思的理论预测。这是本书的另一项重要工作，也是本书第二个可能的创新。

第二章　有关不平等与经济危机的研究进展

不平等一直是社会各界关心的话题。"不患寡而患不均""天之道损有余而补不足",这是春秋时期我国古代先贤对这个问题的思考。"平等,它是人类的自然法则""上天注定平等是人类的本分",这是古希腊智者对真理和正义追求的必然结果。"天下太平""人人生而平等",这是中西方社会底层在追求美好生活、反抗不合理制度时发出的呐喊。[9]

不平等与经济危机紧密相连。在中国古代历史上,不平等严重的时候,往往伴随着经济衰退、国家财政困难和社会矛盾尖锐。马克思在论述资本主义必然灭亡、共产主义必然胜利的逻辑时,也借助了不平等和经济危机的作用。不平等加剧了资产阶级和无产阶级的对立,经济危机使得这种对立不可调和。最终无产阶级被迫奋起反抗,推翻资本主义制度,建立更加美好的新制度。

本章的主要目的,是对马克思及国内外学术界关于不平等、经济危机及两者之间关联的学术研究进行简短的回顾。不平等、经济危机是学术界比较关心的话题,这方面的文献可谓汗牛充栋,全面梳理难度较大。有鉴于此,本章对不同类型的文献进行了针对性处理:对于马克思的相关论述,以文本为主,只选择了学术界比较公认的论述和结论;对于国外的文献,只选择了在学术界影响较大的、基本形成流派的观点;对于国内的文献,主要选择了新中国成立以来与马克思主义有一定关联的论述。

第一节 关心本质的马克思

一 马克思对不平等的研究

马克思主义政治经济学或者《资本论》的重要目的之一是，揭示资本主义社会的经济规律，揭露资本主义社会大生产繁荣的表象下掩盖的资产阶级对无产阶级剥削的罪恶事实，进而预示社会发展的方向。马克思主要从所有制的角度来研究资本主义的不平等。[①][②]

马克思认为，资本家占有生产资料，工人一无所有，这会使得工人在分配中处于极端不利的地位。工人获得的生存工资，仅能用于维持劳动力的再生产；资本家则完全占有剩余价值，获得丰厚的利润。在生产资料归资本家占有的事实基础上，资本家利用法律、暴力机关、宣传工具等从制度层面进一步强化这种占有关系。占有资本，雇佣劳动，生产商品，然后出售商品，就能获得更多货币或资本。这个过程被称为资本流通，用公式表示为 $G-W-G'$。[③] 资本流通过程刺激资本家进一步积累资本，以获取更多的利润。在工人只能获得生存工资的情况下，资本积累会使得贫富差距扩大。

单个资本家在积累资本的过程中，为了获得超额剩余价值，可能会采用新的机器设备，或者更先进的生产技术，换言之，会提高

---

① 在资本原始积累阶段，资本家通过"血腥的""肮脏的"手段积累财富；在帝国主义阶段，资本家利用国家机器掠夺其他国家的资源、利用不合理的国际政治经济格局进行不等价交换。这些都会导致资本家和工人、帝国主义国家和落后国家之间的不平等。本书此处不讨论这些不平等，因为它们一目了然。本书主要讨论资本主义"产权"、"等价交换"等面纱掩盖下的不平等。

② 马克思对于资本主义所有制的分析已经是教科书（如"马工程"教材《马克思主义基本原理》《马克思主义政治经济学概论》[10]）的标准内容，因此，除非是直接引用马克思的原文，本书此处不再指出马克思相关思想的具体出处。

③ G，表示预付资本；W，表示生产的商品；G'，表示商品价值的货币形式，是资本家的回报。

资本的有机构成。资本有机构成提高，机器将会替代劳动，这会降低资本家对工人的相对需求，也有可能会降低对工人的绝对需求。前者会导致工人的实际工资下降，后者会使得工人失业，成为相对过剩的人口。失业会使得工人的地位进一步下降，不得不接受更低的工资，贫富差距再次扩大。另外，即使对工人的需求不下降，资本家也可以通过提高消费资料的生产率来降低劳动力的价值，进而压低工资。这会进一步扩大贫富差距。

企业生产的盲目性和社会化大生产之间的矛盾，可能会使资本主义国家不时出现结构性危机。危机使工人的处境更加不利，也会加剧资本家之间的分化。大资本"大而不倒"，会利用国家的帮助度过危机，甚至会利用危机来大发不义之财。小资本可能会破产，沦为无产阶级的一部分。资本家的分化会使得财富进一步集中，贫富差距也会越来越大。①

二 马克思对经济危机的论述

马克思对经济危机进行了系统性的论述，主要为三个方面：货币和信用的影响、社会部门结构失调以及经济不平等的影响。关于不平等的影响，将在下一节专门介绍，本节重点介绍前面两个方面。②

经济危机的第一个促发因素是货币和信用。在原始的物物交易的世界里，很难产生经济危机。因为物物交易的条件非常苛刻，它要求在同一时间同一地点有相互需求的买卖双方恰好相遇。苛刻的条件限制了物物交易的规模，也限制了商品的生产和创新，形成了

---

① 2008年美国次贷危机就是一个很好的例子。小银行纷纷破产，排名前三的银行反而获得政府资助，获得更大的发展。
② 陈岱孙在他的经典著作《从古典经济学派到马克思》中从货币、生产、部门结构、利润率和信用等五个方面总结了马克思著作中涉及的资本主义经济危机的影响因素[11]。本书借鉴了该书的分类，同时还做了进一步的提炼。

一个相对稳定的市场。买卖双方基本上对市场前景有较为合理的预期，按照预期来安排生产和消费，基本不会出现生产过剩的局面。货币的出现使危机成为可能。首先，货币的出现扩大了市场规模。货币出现是交易规模扩大的结果，同时货币也会进一步促进市场交易的发展。物物交易时代，商品交易可能局限在特定地区、特定族群当中，但货币使得跨地区、跨族群交易成为可能。其次，货币使买和卖的分离成为常见现象。一个人出售商品之后，并不一定会直接购买其他商品，他可能会储存货币，用于未来购买商品。这样，对于其他卖者而言，他们的商品能否顺利出售以及出售的时间，就存在较大的不确定性。特别是对于商人而言，买卖分离还可能存在价格波动的风险。假设商人在 t_0 时刻买入商品，价格为 p_0，到了 t_1 时刻，价格变为 p_1，由于需求或供给的变化，价格 $p_1 < p_0$。商人若出售商品，每单位商品会损失收入 $p_0 - p_1$，可能会因此破产；若不出售商品，产品会被积压，同时消费者在市场价格下买不到商品，形成相对过剩。信用的出现进一步加剧了经济危机的风险。假设商人以信用的形式购买商品，如果在债务到期日，商人无法出售商品，他便无法偿付信用。极端情况下，信用链条断裂可能会形成连锁反应，最终威胁整个信用网络，造成更大规模的经济危机。

经济危机的第二个促发因素是社会部门结构失调。[12] 单个资本能否流通和循环，取决于整个社会资本能否在各个部门之间顺利流转。马克思用一个简单的两部类模型来强调社会结构协调的重要性。如图 2-1 所示，假设社会上存在两个生产部类：生产资料部类，记为 1；消费资料部类，记为 2。生产资料部类的产品用于两个部类生产消费，消费资料部类的产品用于两个部类的个人消费。假设在第 t 期初，生产资料部类的预付不变资本为 c_{1t}，预付可变资本为 v_{1t}，消费资料部类的预付不变资本为 c_{2t}，预付可变资本为 v_{2t}。在 t^+ 时刻，生产过程结束，进入商品交易过程。假设生产资料部类产品的总价值为 $c_{1t} + v_{1t} + m_{1t}$，消费资料部类产品的总价值为 $c_{2t} + v_{2t} + m_{2t}$，其

中 m_{1t}、m_{2t} 为剩余价值。如果只是简单再生产，两个部类都必须将剩余价值完全消费。但问题是，生产资料部类的产品不能用于个人消费，消费资料部类的产品也不能用于生产消费。为了维持社会正常运转，两个部类之间必须交换。生产资料部类的个人消费需求必须刚好等于消费资料部类的生产需求，即

$$v_{1t} + m_{1t} = c_{2t} \quad (2-1)$$

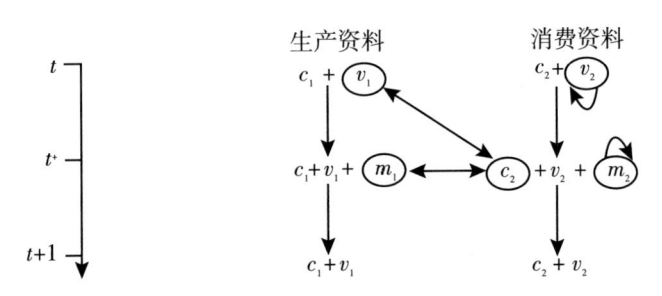

图 2-1　马克思的两部类模型

马克思认为，要求两个部类之间彼此需求恰好相等，这个条件过于严格，在现实中很难实现。这是因为，（2-1）式是一个宏观条件，是经济整体顺利运行的保证，需要两部类的规模恰好协调。但在自由放任经济下，两部类的规模却由无数盲目生产的企业决定。马克思认为这种"单个企业内部生产的有组织性和整个社会生产的无政府状态"是资本主义基本矛盾的一个体现，很难调和，因此，社会结构注定会经常失调，经济危机也会频繁发生。

三　马克思对不平等与经济危机关系的解析

经济危机的第三个促发因素是不平等。不平等通过生产和消费之间的矛盾使经济出现危机。不平等的影响主要通过两个规律来实现。第一，剩余价值规律。无止境地追求剩余价值是资本的本性。为了获得剩余价值，企业会不断积累资本、增加机器、提高生产率，通过延长工作时间或缩短必要劳动时间的方式加大对工人的剥削。

这会产生两方面的效果：一方面，生产绝对扩张，资本存量扩大、技术水平提高，使得总产出增加；另一方面，消费力下降，马克思认为消费力不取决于绝对的生产力，而是取决于对抗性的分配关系，或者取决于社会的不平等程度。在资本家获得剩余价值，工人只能获得生存工资的情况下，工人的消费力及整个社会的消费力不足。第二，利润率下降规律。资本的盲目扩张使得利润率下降，利润率下降使得资本主义社会的市场竞争更加激烈。为了在竞争中胜出，资本家会进一步增加资本扩张和剥削工人的力度，这会加剧生产和消费的矛盾，最终引发经济危机。

马克思有关不平等引发危机机制的理论和他的社会结构失调理论既有相似之处，也有不同之处。相似之处在于两者都是基本矛盾的体现。社会生产的无组织性、盲目性使得单个企业看似合理的行为最终造成经济危机的恶果。不同之处在于结构性失调是两个部类之间的资本循环出现问题，主要是产品生产绝对过剩；不平等情形下却是阶级之间出现矛盾，主要是商品相对过剩。或者，不是产品数量超过了社会需求，而是不平等限制了社会需求，使得有效需求不足。

马克思关于不平等促发经济危机的理论，一定程度上是对西斯蒙第的继承和发展。西斯蒙第首先注意到不平等对消费的影响，"消费上平等的结果总是扩大生产者的市场；不平等，总是缩小市场"。其次，他认识到不平等可能会加剧市场的不稳定性。"由于财产集中到少数私有者手中，国内市场必定日益缩小，……因而该国的工业就要受到更加巨大的波动的威胁。"[11,13]不平等会影响总需求，这是西斯蒙第和马克思的共同发现。不同之处在于，西斯蒙第只是从技术层面揭示不平等影响经济稳定性的表象（见图2-2），而马克思则从制度层面揭示其实质为生产资料私有制下资本家对剩余价值的无偿占有。

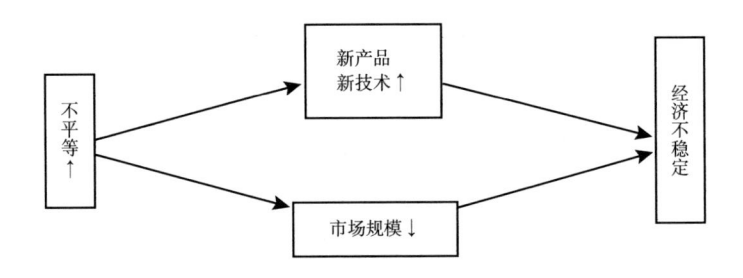

图 2-2 西斯蒙第关于不平等与经济波动关系的思想

第二节　定性与定量相结合的中国学者研究进展

一　中国学术界对收入分配问题的讨论

新中国成立后至改革开放前，我国学术界对收入分配问题的讨论并不是很多。一个重要的原因是新中国成立后，经过三大改造，我国很快就建立了社会主义制度。在计划经济下，国有企业内部工资差距不大。在公社制度下，农村内部的"工分"区别有限。中国的收入差距在世界上处于较低的水平。据世界收入不平等数据库（WIID4）估计，1960年后，我国的基尼系数基本上低于0.3。改革开放前夕，一度低于0.2（见图2-3）。较为平等的社会，使得学者的主要兴趣点转移到经济的其他方面，比如生产与分配的关系等。

王镜芝认为，国民收入分配应考虑国家预算、企业生产、劳动者生产积极性等问题。[14]劳动者为集体和社会收入支配提供的劳动和为个人收入支配提供的劳动同等重要。为了提高社会生产水平，在若干年内，国民预算收入占总收入的比例不要低于30%。国家预

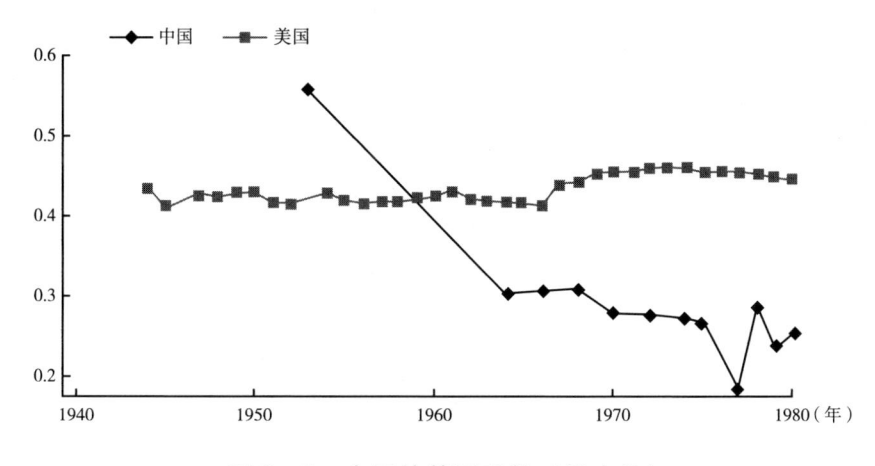

图 2-3　中国的基尼系数（最大值）

资料来源：WIID4 数据库。

算既要考虑比例关系也要考虑分配方式，才能促进国家经济又好又快发展。

吴沪生等人研究了农业生产合作社的收入分配问题。[15,16]他们认为，进行收入分配时，必须考虑国家、农业社、社员三者的利益，必须贯彻按劳分配的原则，必须贯彻奖励为主、多奖少罚或不罚的原则。此外，他们还对农业社生产的预算和决算提供了详细指导。

王琢认为，对社会主义分配问题的研究不能局限在消费基金的分配和按劳分配，而应该研究国民收入的分配及其规律。[17]从生产层面，分配既受生产制约，也影响生产。积累和消费之间的分配比例、不同部门之间的分配比例，会影响经济增长的速度和经济的稳定程度。从社会关系层面，要考虑集体经济之间、集体经济与全民所有制之间在生产资料所有制方面的差别，不能简单地统一实行按劳分配制度，这样就犯了平均主义错误。

任农认为，人民公社和全民所有制的国有企业在根本性质上是相同的，但在分配的目的、比例等方面存在一定的差别。[18]收入分配要考虑国家与集体、集体与个人、社员与社员之间的关系。只有统筹好三方面的关系，才能更好地发挥社会主义的威力。

改革开放之前，公有制占有绝对主体地位，个人之间的收入分配关系不是分配领域的核心问题。当时的研究主要是从生产与分配，国家、集体、个人等方面来考虑收入分配问题。这种情况在改革开放之后逐渐发生变化。改革开放后，社会主义市场经济逐渐确立，个体户、私营企业、外资企业等非公有制经济蓬勃发展。不同的体制之间、体制内部，城市之间、城乡之间的差别逐渐扩大，个体之间、群体之间的收入分配问题成为社会关注的重要话题。

梁尚敏研究了改革开放后国营企业的收入分配和发展问题。[19]当时国有企业的最终利润，几乎全部上缴给国家。这种做法能够保障国家财政和建设资金的需要，但不利于企业因地制宜解决自身发展的问题，不利于提高员工的工作积极性。国家对于盈利的国有企业，应该采用税收的方式征收一定的税赋，获得国家的财政收入。对于亏损的企业，可以适当照顾。对于不能限期扭亏为盈的企业，可以采用关停并转的方式予以解决。国有企业适当保留利润，并根据需要对员工的工资奖励进行必要的调整，以确保不会引发严重的收入差距问题。

赵人伟结合我国经济建设中的实践和理论，探讨了（当时）我国劳动者收入差距的变化趋势。[20] 20世纪60年代有部分学者认为，在社会主义国家，随着按劳分配从不充分作用发展到充分作用，收入分配可能会经历"小大小"的过程。这种情况被改革开放后的历史所证实。西方部分发达国家也呈现过基尼系数呈倒"U"形。社会主义制度的优越性，不在于没有收入差距（即绝对平均），而在于收入差距的绝对值低，收入差距的波动程度小。赵人伟认为，如果以按劳分配为标准，平均主义和收入悬殊都属于收入不公。[21]这两种现象在20世纪80年代末的中国都存在，是不能忽视的严重问题。这些问题的根本原因是双重经济体制并存和摩擦，产生了各种形态的无序行为。计划外经济活动并未按照宏观控制的市场规则运行

（如偷税漏税、骗税等），这造成了第一层次的无序。计划内经济活动的控制能力被削弱，未能按既有规则运行，这会造成第二层次的无序。体制之间特别是双重价格体制会产生巨额租金。这会带来第三层次的也是最严重的无序。

改革开放之后，学术界不再满足于从定性分析的角度研究收入分配，而是开始借助西方计量经济学中的一些概念（如基尼系数等）研究中国的个体收入不平等问题。从此，对于收入分配的研究从定性化走向定量化。

杨小凯利用基尼系数计算了湖北省6个省辖市的收入分配情况。他发现1981年湖北省的基尼系数为0.1332，处于世界极低的水平。[22]他认为当时收入分配的绝对平均主义仍然十分严重。杨木生利用类似的数据，发现湖北省的基尼系数在1981~1982年略有下降。1981年第1季度，湖北省基尼系数为0.129，1982年第3季度，该系数为0.114。[23]

赵学增利用1980年国家统计局全国46个城市职工家庭、1978年河北省保定市23个县1678229户农村家庭的收入情况，计算了我国当时的收入分配情况。他发现，1980年我国46个城市的基尼系数为0.178，1978年河北省保定市的基尼系数为0.029。[24]这说明我国在改革开放初期的收入差距是非常小的。

赵人伟利用中国社会科学院收入分配课题组1988年城乡居民收入分配状态抽样调查，结合世界银行和国家统计局的数据，研究了我国20世纪80年代后期的收入分配情况。他发现，计划内系统和计划外系统存在较大的差别。在计划外系统，由于市场规则不健全、偷税漏税等现象的存在，收入悬殊比较大。1988年，计划外经济（如个体户、私营企业、合资企业、外资企业等）中收入最高的20%群体的收入占总收入的54.1%，收入最低的20%群体只占3.4%。城市私营部门前10%的人均收入为7394.95元，最低10%的人均收入为-93.69元。将收入由低到高分为10组，私营部门第十组和第五组的比值约为5，国营部门约为2。私营部门第十组和第二组的比值约为50，国营部门约为3。在计划内系统中，收入差距相对较小。国营部门中，收入最高的20%群体的收入占全部收入的32.6%，最低的20%群体只占10.52%。[25]

自20世纪80年代中后期开始，学术界除了借助国家统计局等机构的数据研究收入分配外，也开始独立进行社会调查。如，20世纪80年代末，赵人伟教授和国外学者合作，在学术界首次开展全国住户调查，即中国家庭收入项目（CHIP）调查，形成了中国第一个学术界主导的关于收入分配的微观基础数据库。之后，利用住户调查数据库或微观数据库进行收入不平等问题的研究，呈现出蓬勃发展之势。一些常用的数据库，如中国营养和健康调查（CHNS）、中国家庭追踪调查（CFPS）等都可以承担类似功能。

二 中国学者从马克思主义角度对经济危机的研究

国内学者从马克思主义角度研究经济危机理论，大致分为两类：一是研究马克思经济危机理论本身；二是利用马克思经济危机理论，研究现实的经济危机现象。

有学者对马克思的经济危机理论进行了再解读和再研究。王中保和程恩富利用库恩的科学范式理论，对马克思经济危机理论的内核和保护带理论进行了梳理。他们认为，经济危机源自资本主义生产资料私有制，这是马克思经济危机理论的内核。社会生产无计划、社会结构失调、有效消费不足、利润率下降、固定资本更新和过度积累理论是马克思经济危机理论的外围和保护带。[26]两位研究者的结论和主流的马克思经济危机理论研究的结果接近，和陈岱孙的总结[11]也基本一致。

裴小革梳理了古典政治经济学以来的经济危机理论，特别是马克思的经济危机理论。他认为，马克思从流通过程的角度对经济危机进行分析，与资本主义经济运行的表面部分最为接近。但马克思的经济危机理论最核心的部分，是它通过私有制、资本雇佣劳动、剩余价值的生产、资本积累等概念，揭示了资本主义经济危机的根源。马克思的经济危机理论是服务于无产阶级和资产阶级的阶级斗争，指明了根治经济危机的社会主义道路，指导了世界各国预防和治理经济危机的实践。[27]

有学者利用马克思的经济危机理论来分析2008年的国家金融危机。刘鹤等认为，资本主义制度是国际金融危机和经济危机的根本原因。他们对比了1929年"大萧条"和2008年国际金融危机，发现尽管存在人口结构、技术条件、经济和社会制度、全球化程度和国际经济格局等方面的差距，两次危机都存在政府自由放任的经济政策、收入差距过大、公共政策空间被挤压、大众处于极端投机心态、货币政策过于宽松等共同点。这些现象背后的原因都是资本主义制度。[28]

裴小革认为，20世纪70年代开始流行的新自由主义的一个关键结果就是让收入更加集中于少数特权阶级，削弱政府管理宏观经济的能力。随着实体经济积累率的下降和经济结构不平衡的增加，最终导致金融危机在新自由主义最流行的也是最强大的资本主义国家——美国率先爆发。[29]

李良栋认为，处理不好经济自由和政府调控之间的关系，是西方国家长期存在的严重问题。在2000年前后，过度推崇新自由主义，迷信市场能够解决一切经济问题，使得美国对房地产市场、金融市场放弃了监管，加大了经济泡沫的严重程度。经济泡沫破灭后，危机便不可避免。[30]

杨静和张开认为，根据国外马克思主义学者如大卫·科兹的"积累的社会结构"理论，金融创新在一定程度上可以缓解"工人实际工资增长缓慢"与"平均消费水平上涨"之间的矛盾。但政府与市场关系的失衡，大大降低了金融创新的缓冲效果，甚至放大了原有的社会经济矛盾，使得经济危机的危害扩大化和严重化。[31]

高放认为，和平与发展仍然是当今世界的主题。这意味着，2008年的国际金融危机不会引发暴力革命、不断革命和世界革命，但世界社会主义的发展会更加主动，呈现各自推进、兼程并进的态势。[32]

值得一提的是，2008年金融危机爆发后，除了学术界之外，党和政府也做出了相应的判断，并制定了相关的政策，减少其对中国经济的危害。2008年10月7日，美国金融危机向全球蔓延不久，胡锦涛在中共中央政治局常务委员会会议上发表讲话，指出要清醒判断形势、妥善加以应对，做好面对困难局面的准备。2009年12月5日，胡锦涛在中央经济工作会议上，再次对金融危机发表重要意见。胡锦涛指出，以美元为主导的国际货币金融体系的内在弊端是世界经济失衡和国际金融危机的重要原因。胡锦涛批评了西方一些国家将国际金融危机归结为新兴市场国家储蓄太多、贸易顺差太大的观点，认为失衡的根源是南北发展严重不平衡。2010年2月3日，胡锦涛在省部级主要领导干部专题研讨班上，对如何应对国际金融危机发表了看法。胡锦涛指出，国际金融危机本质上主要是发达经济体宏观经济政策不当、政府监管缺失造成的，是其长期负债消费模式难以为继的结果。中国面对国际金融危机，传统的发展模式难以为继，必须转变经济发展方式，调整经济结构、产业结构，推进自主创新，加快建设生态文明，推动经济社会协调发展。[33]

2012年后，国际金融危机的深层次影响不断显现。习近平总书记针对日益复杂的国际经济形势，准确预判经济大势，指出我国处于经济新常态和高质量发展阶段，必须坚持稳中求进，全面深化改革，严防金融风险，以供给侧结构性改革为主线，推动建设现代化经济体系。这些政策的最终目的是建成社会主义现代化强国。但在短期内，也是党和政府防范和化解金融风险的重大举措。[34,35]

三　中国学者有关不平等和经济危机关系的研究

国内直接研究不平等与经济危机关联的论文相对较少。一方面的原因是，从传统的马克思主义政治经济学的角度分析，不平等导致经济危机。这个结论是资本主义资本矛盾的外在表现，是一个必然的结论，不需要特意去研究。另一方面的原因是，国外的经济学研究受制于新自由主义意识形态，对不平等的原因等理论问题的探讨也相对较少，用于借鉴的资料不多。① 这种情况在 2007 年次贷危机之后有所改善。

有学者从国际经济秩序的角度研究不平等对经济危机的影响。樊纲探讨了全球经济格局对经济稳定性的影响。他认为，全球化能使发展中国家利用比较优势获得发展机会，这种结论过于理想化。发展中国家受限于体制机制不完善、市场管理能力不成熟、竞争地位不对等等因素，会出现国内外各项制度不协调的情况。这种不协调性会导致发展中国家不能利用好外资，不能管理好金融资本，最终导致经济不稳定。[36]

部分学者从历史或传导机制的角度探讨了不平等与经济危机之间的关联。陈志刚认为金融危机加重了发展中国家的不平等程度。金融危机本质上是发展中国家金融自由化失败的产物。金融危机使得劳动需求下降、公共支出削减、社会环境恶化，加重了贫困人口的负担，扩大了金融"内部人"和"外部人"之间的收入差距。[37]

孙伊然认为不平等和过度消费模式导致了金融危机。不平等加剧使得美国的有效消费不足。为了刺激消费，美国金融市场进行了一系列创新，开发了大量金融工具，帮助消费者借贷。消费者寅吃卯粮，这种消

---

① 20 世纪 90 年代以来，国外研究不平等的问题已成为一个重要话题。但主要是研究不平等的影响，很少探讨不平等原因。

费并不反映他们的真实购买力。在美国房地产价格大幅下降后,与之相伴的次贷市场发生危机,最终酿成了全球性的金融危机。[38]

赵奉军和高波认为,发达国家收入分配恶化导致全球金融危机。收入不平等和金融过度繁荣,使得底层民众消费不足,富裕群体追求投机收益,加剧了国内经济的不稳定。发达国家举债消费,发展中国家依靠出口维持经济增长,加剧了全球经济的不稳定,最终危机不可避免。[39]

赵海波等认为收入不平等是次贷危机的本质原因。自20世纪80年代美国里根政府采取新自由主义政策以来,美国的贫富差距逐渐扩大。美国为了保证经济增长,通过金融创新的方式,刺激穷人过度消费。这种透支的消费可以认为是"虚假需求"。一旦经济发展放缓,金融创新带来的累计风险就会被释放,债务链条断裂,经济不可避免陷入危机。[40]

董敏杰和梁咏梅研究了土地不平等对拉美国家长期发展和稳定的影响。他们认为,拉美在殖民地时期的大地产制严重限制了拉美国家的后续发展潜力,使得它们早早陷入"中等收入陷阱"。土地不平等使得拉美国家贫富差距扩大,社会问题突出,政局动荡频繁,经济结构失衡,极易陷入主权债务危机,长期增长乏力。[41]

申唯正和李成彬认为,"自由市场终于战胜政府权力管制"是一种新蒙昧主义。这种新蒙昧主义使得金融机构过度创新,使得美联储不能充分监管。金融机构的代理人缺乏对市场的敬畏,肆意的操作增加了系统性风险。"大而不倒"的政府救助模式更是进一步加剧了社会的不平等。[42]

部分学者从经验研究的角度分析了不平等的经济后果。朱奎认为,收入不平等与经济危机之间相互影响。以美国为例,20世纪80年代末,美国经济开始脱实向虚。金融部门过分强大,从实体经济攫取了大量的剩余价值,造成了经济内部的不平等,也加剧了经济的不稳定性。金融危机爆发后,工人的地位下降,对工资的议价能力降低,使得资本家和工人之间的不平等程度增加，加剧了经济的不平等。[43]

杨飞利用经合组织 14 个国家 1921～2008 年的数据，研究了收入不平等对金融危机的影响。研究发现收入不平等与金融危机之间存在显著的正相关关系。如果以最富裕的 1% 群体的收入占比作为收入不平等的指标，上一期不平等程度增加 1 个单位，本期发生金融危机的概率会增加 12% 左右。[44]

郭新华等利用中国 1997～2003 年的经济数据，利用 KGM 模型（即凯恩斯 - 古德温 - 明斯基模型，Keyes-Goodwin and Minsky Model）检验了我国金融系统的稳定性。研究发现，收入不平等程度增加会恶化中国金融的稳定性。中国的经济数据不满足模型稳定的基本判据，需要政府进行宏观调控，缩小贫富差距。[45]

第三节　侧重现象解读的西方学者研究

一　与不平等有关的三个重要概念

（一）禀赋与稳态

关于不平等的来源，一个很自然的想法是个人初始禀赋的差异。个人能力、健康状态、教育程度、讨价还价能力、忍耐能力（即时间贴现因子）等不同，会影响到个体的就业选择、消费模式，进而影响到个体的收入水平和财富水平。①

假设长期的贫富差距为 σ_w，个人初始禀赋差距为 σ_0。在一个较为纯粹的市场经济下，② 两者有什么样的关系？正相关：$\partial\sigma_w/\partial\sigma_0 > 0$，

---

① 关于个人能力对不平等的影响及宏观层面影响长期不平等演化的因素，可参见夸德里尼和里奥斯-鲁尔的综述。[46]
② 这里较为纯粹的市场经济的含义是，政府没有税收和转移支付，但社会的其他功能如法律、金融市场还是比较完善。

不相关：$\partial\sigma_w/\partial\sigma_0 = 0$，或者负相关：$\partial\sigma_w/\partial\sigma_0 < 0$？如果是前者，问题就比较严重。这意味着市场经济会放大初始的不平等程度，经济中存在"马太效应"。如果是后两者，则不用太担心收入差距问题，因为收入差距最终会稳定、收敛，这两种情况对初始状态的影响较小。

查特吉研究了在理想的市场经济条件下，经济不平等程度的演化问题。①[47] 他假设个体的初始财富为 k_0^i，或者个体持股比例为 $s_0^i = k_0^i/k_0$，其中 k_0 为社会初始财富。企业利用社会财富进行生产。政府不征收任何税收，企业生产所得按照持股比例（s_t^i）全部返还给个体。个体所得用于消费和投资，调整下一期的持股比例 s_{t+1}^i。查特吉证明，如果个体的效用函数是对数、幂函数或指数函数等三种形式之一，即

$$u(c) = \begin{cases} \gamma\ln(\alpha + c) & \forall c \geq 0, (\alpha + c) \geq 0 \\ \gamma(\alpha + \eta c)^\sigma & \forall c \geq 0, (\alpha + \eta c) \leq 0 \\ -\alpha\exp(-\eta c) & \forall c \geq 0 \end{cases} \quad (2-2)$$

长期的不平等程度存在收敛的可能性。收敛背后的机制是个体的消费行为模式。在不存在生存性消费支出（subsistence consumption）和宏观经济初始水平较低的情况下，如果个体初始财富较小，个体可以减少消费，增加投资。反之，则会增加消费，减少投资。最终全社会财富分布会相对平等。查特吉的研究为西方宏观学者长期忽视不平等或分配问题提供了理论支持：如果经济不平等在不用政府任何干预的情况下，存在较大会收敛的可能性，那么关注不平等演化的意义似乎有限。[47] 查特吉增进了学术界对个体消费模式影响不平等的理解，但他的结论也值得商榷。首先，查特吉忽略了垄断、信息不对称等现象的影响。这些现象的存在会削弱模型的解释力。其次，查特吉的结论严重依赖于效用函数的形式。其他的效用函数形

---

① 卡塞利的研究[48]与之接近。

式都可能导致模型的结论不成立,这限制了模型的适用范围。最后,查特吉忽略了需求的层级性。查特吉假设个体能够通过自主选择投资规模来改变未来的收入情况,但现实并非如此。个体收入总是会先满足基本的生存需要,然后才是投资等需要。如果社会财富分布极端不均,或者普通劳动者处于马克思所说的"自由的一无所有"的状态,普通劳动者的收入只能满足基本的生存需要,没有能力进行物质或人力资本投资,那么社会贫富差距会越来越大。

(二) 财富分配不均和 $r > g$

财富分配不均和 $r > g$ 是皮凯迪等学者用于解释收入不平等的一系列研究的核心观点。[①] 皮凯迪等学者观察到,西方世界在发展过程中,存在两个明显的现象。首先,社会财富分布不均。以欧洲和美国为例(见图2-4)。1910年,欧洲最富有的10%的人口所占社会财富的比例高达90%,美国接近80%。1910年以后,该比例有所下滑,但仍然维持在较高水平。2010年,该比例在欧州接近65%,美国超过70%。其次,资本回报率高于经济增长率,即 $r > g$。如图2-5所示,1913年之前,扣除税收和资本损失之后的资本回报率约为4.5%,经济增长率不到1.5%。1913~1950年,受到二次世界大战的影响,前者大幅下滑,后者缓慢上升。1950年,资本回报率不到1%,经济增长率接近2%。1950~2012年,经济增长率略高于资本回报率。

财富分配不均和 $r > g$ 两者之间互相影响。假设生产函数为 $Y_t = F(K_t, L_t)$,其中 K_t 为资本,L_t 为劳动。假设生产函数满足一次齐次性,$\lambda Y_t = F(\lambda K_t, \lambda L_t)$,$\lambda > 0$。那么,产出等于资本回报和工资之和,即 $Y_t = r_t K_t + w_t L_t$,其中 r_t 是资本回报率,w_t 是工资。这是标准的宏观经济学的基本内容。在皮凯迪之前,学术界

---

① 参见文献 [1, 6, 49, 50, 51, 52, 53, 54]。

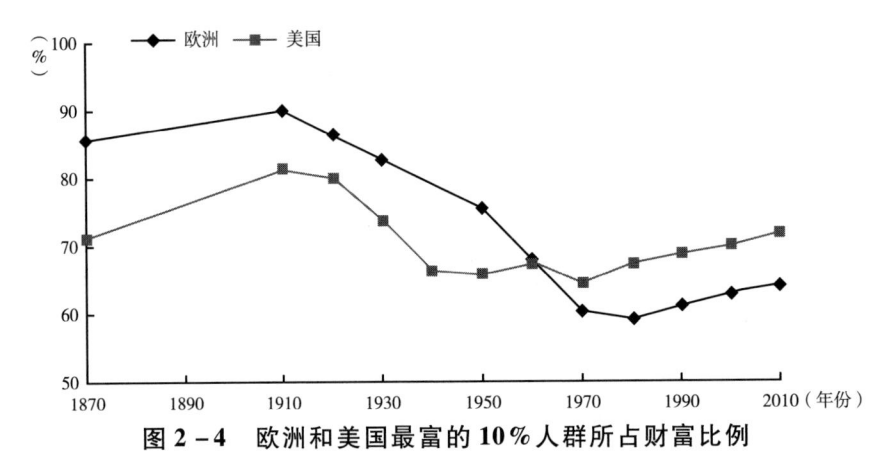

图 2-4　欧洲和美国最富的 10% 人群所占财富比例

资料来源：Piketty T. and Saez E., "Inequality in the Long Run," *Science* 344 (2014): 838-843。

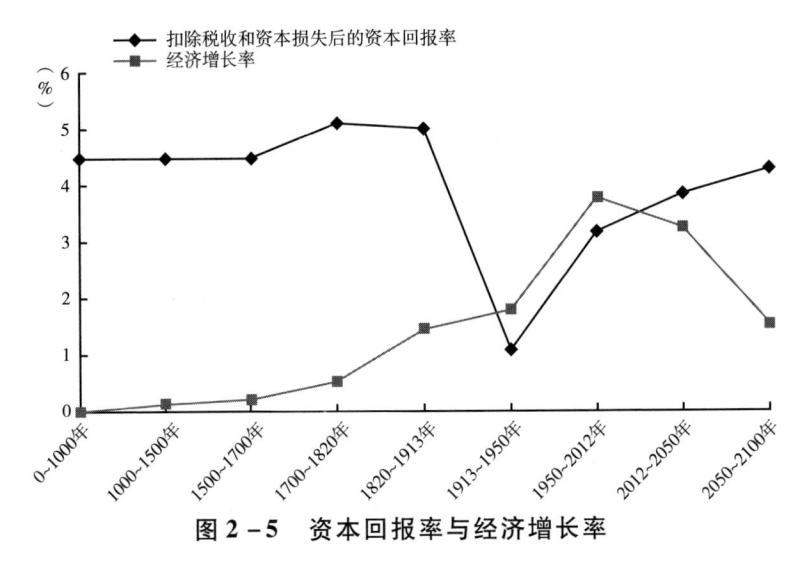

图 2-5　资本回报率与经济增长率

资料来源：Piketty T. and Saez E., "Inequality in the Long Run," *Science* 344 (2014): 838-843。

很少将之与经济不平等加以联系。这是因为宏观经济学的研究内容在很长时间内主要集中在增长和波动方面，学者要么假设个体是同质的（homogeneous），即个体完全一样，既是资本所有者，也是劳动者，所有个体的财富和收入都相同；要么假设个体具有齐次性偏好（homothetic preference），[47,48]即商品在消费者心中没有位次之分，个体通过不断调整消费和储蓄的比例，最终也会获得同等的财富和收入。但如果假设个体在初始状态下财富分配比例不同，个体的偏好具有非齐次性，那么财富分配不均和 $r > g$ 之间就会互相影响。

假设世界上存在两类人：一类是资本所有者；另一类是劳动者。资本所有者在期初投资 K_t，在期末，获得利息 $r_t K_t$，结合本金，期末总资产为 $(1 + r_t)K_t$。在传统模型中，学者将 r_t 理解为资本回报率，是资本所有者让渡单位资本的收益。皮凯迪等认为，如果不考虑 r_t 的"性质"或"本质"，从数学角度来看，r_t 就是财富的增长率。换句话说，r_t 有双重含义：从物质资本的角度，它是资本回报率；从个人财富角度，它是财富增长率。我们再来计算工资的增长率。将生产函数两边同除以 L_t，生产函数变为 $y_t = r_t k_t + w_t$，其中 $y_t = Y_t/L_t$，$k_t = K_t/L_t$。进一步计算可知，

$$g_{wt} = g_t \frac{y_t}{w_t} - r_{t+1} \frac{\Delta k_t}{k_t} \frac{k_t}{w_t} + \Delta r_t \frac{k_t}{w_t} \qquad (2-3)$$

其中，$g_{wt} = (w_{t+1} - w_t)/w_t$ 为工资增长率，$g_t = (y_{t+1} - y_t)/y_t$ 为产出增长率。①

如果我们假设 $\Delta r_t \approx 0$，$\Delta k_t = r k_t$，便不难得到结论

$$g_w < g < r \qquad (2-4)$$

在初始财富分配不均的情况下，$r > g$ 会导致收入不平等，影响甚至会加剧未来的财富不平等和收入不平等。

皮凯迪在《21世纪资本论》中提出了资本主义两大基本法则（fundamental law of capitalism）。第一个法则是资本收入份额等于利率乘以资本产出比，即 $\alpha = r \times \beta$，其中 α 为资本收入份额，$\beta = K/Y$

---

① 为方便阅读，本书中全部公式的推导细节都放在附录当中。以后不再赘述。

为资本产出比。第二个法则是（在长期）资本产出比等于储蓄率除以经济增长率，即 $\beta = s/g$。这两个法则实际上是生产函数规模报酬不变的产物，学术界基本赞同。但他的其他结论，比如 $r > g$ 是影响财富分配的基本动力（fundamental force），并没有得到学术界的完全认同。[①] 还有学者质疑 $r > g$ 的重要性和存在条件。曼昆认为，即使假设存在工人和资本所有者两个不同的阶层，$r > g$ 也几乎是宏观经济稳态条件下的必然结果。既然 $r > g$ 几乎是经济必然结果，那么，政府税收政策的效果在很大程度上只取决于政府的目标，与 $r > g$ 无关。[56] 罗山认为，皮凯迪关于资本产出比增加导致资本收入份额增加的结论是否成立，取决于资本劳动产出替代弹性。如果弹性大于1，则皮凯迪的结论成立，反之，则不成立。[57] 藤田认为，除非储蓄和个人来自金融资产的消费相等，否则，$r > g$ 也不一定会导致资本产出比增加。[58] 藤田的结论与本书（2-3）式和（2-4）式有一定的相似性。$r > g$ 要使得工人和资本所有者的收入差距扩大，条件是金融资本的增长率和社会物质资本的增长率相同。但这个条件较难实现，因为在学术界常用的齐次性偏好的假设下，稳态的社会物质资本增长率等于0或等于外生的技术进步率（实际上也是经济增长率）。这意味着 $r > g$ 使收入差距扩大的结论只有在经济处于非稳态下才能成立。

皮凯迪的研究与马克思的《资本论》有一定的相似性，比如，他们都发现资本主义国家或西方发达国家贫富差距扩大的事实。但也存在较大的不同。皮凯迪的工作主要是集中和整理数据，对贫富差距原因的分析主要停留在经济层面，而马克思则从私有制、资本的本性和基本矛盾的角度分析贫富差距。相比较而言，马克思的视野更为开阔，分析更为深入。

（三）定向技术变迁

定向技术变迁（directed technical change）是阿奇默格鲁为了解

---

① 比如，著名宏观经济学家琼斯就认为这个结论并不清楚。[55]

释战后资本主义国家工资分化及国家间发展呈发散趋势而提出的理论。如图 2-6 所示，1963~1973 年，美国各个阶层白人男性工人的工资都在稳步增长，速度几乎一致。1973~1997 年，工资结构发生了较大的变化：金领工人工资继续增加，1997 年约为 1973 年的 1.15 倍；白领工人工资略微下降，1997 年约为 1973 年的 0.92 倍；蓝领工人工资明显下降，1997 年约为 1973 年的 0.75 倍。

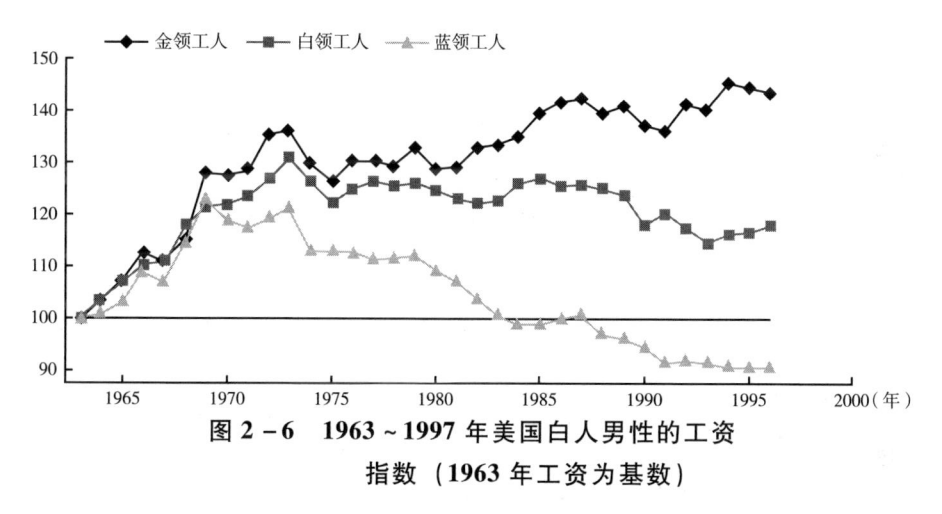

图 2-6　1963~1997 年美国白人男性的工资指数（1963 年工资为基数）

注：金领工人指工资排名在前 10% 的工人，蓝领工人指工资排名在后 10% 的工人，白领工人指工资排名处于中间位置的工人。

资料来源：Acemoglu D., "Technical Change, Inequality, and the Labor Market," *Journal of Economic Literature* 40 (1), (2002): 7-72。

工资分化很难用西方经济学中传统理论解释。传统理论一般假设个体是同质的，生产函数为柯布道格拉斯函数，$Y_t = AK_t^\alpha L_t^{1-\alpha}$，工资由资本的富裕程度决定，即 $w_t = A(1-\alpha)(K_t/L_t)^\alpha$。工资与资本呈现互补性，这有助于解释 1963~1973 年工人工资的整体性上涨。但如何解释 1973 年之后的变化？1973 年之后的新变化也很难用劳动的异质性来解释。因为随着经济的发展，人口素质越来越高，金领、白领工人数量会相对增加，蓝领工人会相对稀缺。一般情况下，商品越稀缺，价格应该越高。我们应该看到蓝领工人工资相对增加，而不是相反。阿奇默格鲁认为，这种反常现象来自第三次科技革命的运用及定向技术变迁。阿奇默格鲁假设存在两种工人：熟练工人（skilled）和非熟练工人（unskilled）。熟练工人具有较高的人力资本（H），非熟练工人则提供简单劳动（L）。社会生产是两类工人劳动的组合，$Y_t = [(A_{L_t}L_t)^\rho + (A_{H_t}H_t)^\rho]^{1/\rho}$。不同类型工人具有不同的技术水平：$A_{H_t}$ 和 A_{L_t}。工人的工资之比为

$$W_{H_t}/W_{L_t} = (A_{H_t}/A_{L_t})^\rho (L_t/H_t)^{1-\rho}$$

到目前为止，阿奇默格鲁的模型和以往模型没有本质差别，结论也相近：熟练工人越多，非熟练工人工资越高。但和以往不同的是，阿奇默格鲁认为，技术的变迁不是外生的，而是和经济结构有关。以熟练工人为主的企业会研发和熟练工人配套的技术，以非熟练工人为主的企业会研发和非熟练工人配套的技术，即 $A_{H_t} = \Psi(H_t)$ 和 $A_{L_t} = \Psi(L_t)$。① 技术变迁的方向性会深化两类工人的工资差距。比如，假设 $A_{H_t} = H_t$，$A_{L_t} = L_t$，则工人工资之比变为 $W_{H_t}/W_{L_t} = H_t/L_t$。这个简单的公式就可以解释1973年之后美国的工资分化：高学历工人较早学习、掌握了第三次科技革命的新科技成果，并研发适合他们的新技术，因此，他们的工资显著增长；低学历工人由于不适应新技术，逐渐被替代，工资水平下降。

阿奇默格鲁的定向技术变迁理论是当代西方劳动经济学和经济增长理论的重要内容之一。它对西方经济学传统理论中技术变迁的方向性假设有一定的突破，但并不是对传统理论的颠覆。如果放在马克思理论的框架下，定向技术变迁理论并不算重大的思想突破。首先，"技术替代劳动"是马克思主义的经典结论。定向技术变迁只不过对此做了一些细化：新技术和人力资本互补，和简单劳动替代。其次，技术发展受制于、服务于社会结构的思想在其他学科早已有

---

① 此处 Ψ 只是一般的函数，不具有特殊的含义。

所发展。比如，法国存在主义马克思主义者高兹指出，"资本主义的技术史可以读作直接生产者地位下降的历史"，"社会生活的选择实际上是技术类型的选择，对资本主义来说，它只致力于发展那些与其发展逻辑相一致，能够强化现存社会关系的技术"。① 高兹的观点实际上已经包含了定向技术变迁理论的主要思想。

二 经济周期下危机的发生

（一）真实经济周期理论

20世纪50年代，经济学家阿罗、德布鲁等将实分析、拓扑学等一些数学知识引入经济学分析当中，创造性地证明了一般均衡的存在性，为亚当·斯密的"看不见的手"或者"自由放任"理论提供了较为坚实的基础。一般均衡理论的数学形式非常简洁，理论结果也非常清晰：市场经济是最有效的，政府的任何政策都会导致经济扭曲和效率损失。市场是配置资源的有效手段，这个结论在大多数情况下还是符合事实的。但也有例外，比如经济危机。经济危机爆发后，工人失业、产品积压、社会不满。经济危机是市场配置资源的结果吗？市场还是有效率的吗？政府干预无效吗？这是摆在一般均衡理论追随者面前的难题。如果回答"否"，认为经济危机是市场失灵的表现，"看不见的手"需要被引导，这违背了西方学者心中的自由主义至上的价值观。如果回答"是"，社会现状似乎很难和效率等同。要解决这个问题，必须有所取舍，有所权衡。

真实经济周期理论是对一般均衡理论的继承和发展。该理论认为：在理想条件下，② 市场在任何状态下都是有效率的。市场的周期性行为源自市场外部的技术冲击，如太阳黑子、飓风、战争等事件。

---

① 转引自程伟礼和马庆的研究。[60]
② 这里的理想状态指的是，没有外部性、交易成本为零、信息对称等。这些条件是市场有效率的前提条件。

一些异常的市场行为，如消费减少、产出下降、失业、投资不足只不过是消费者、劳动者和企业顺应环境变化的自发选择。真实经济周期理论的假设和结论虽然和社会大众的认知有一定的差距，但它还是逐渐被西方学术界接受，并成为西方解释经济危机的主流理论。主要原因有两个，首先，它的模型设置是对原有一般均衡理论的简单修改。在早期的宏观经济模型中，一般会假设产出是资本和劳动的函数，特别是为了方便计算，会假设产出，产出是所谓的柯布道格拉斯函数。假设资本存量为 K_t，劳动总量为 L_t，技术水平为 A_t，生产函数为 $Y_t = A_t K_t^\alpha L_t^{1-\alpha}$，$\alpha \in (0,1)$。早期的宏观经济模型一般假设 A_t 为常数，而一个典型的真实经济周期理论则假设 A_t 为随机变量，且满足所谓的一阶自回归过程[AR（1）]，

$$\ln A_t = \rho \ln A_{t-1} + \varepsilon_t, \rho \in (0,1), \varepsilon_t \sim N[0,\sigma^2] \qquad (2-5)$$

除（2-5）式外，真实经济周期理论关于消费者、厂商的假设和传统的宏观模型没有本质差别。模型设置的相似性扩大了真实经济周期理论的接受基础。

其次，真实经济周期理论解释了现实中经济周期的一些典型性事实（stylized facts）。随着数据采集技术逐渐完善，学者已经有了比较系统的经济数据库，并对经济危机期间各种经济变量之间的表现有了较为一致的判断，整理了一些经济危机的典型性事实。比如，危机期间，投资的波动一般要高于消费的波动，实际工资和生产率的波动要低于产出的波动。[61]真实经济周期理论对经济危机的典型性事实有较好的解释，弥补了以往理论的不足。正因如此，真实经济周期理论成为西方学者研究经济周期的主流理论或基准理论（benchmark），一些其他理论，如新凯恩斯理论、财务杠杆理论等，实际上是对真实经济周期理论的借鉴和发展。

真实经济周期理论将经济危机的本质理解为经济系统受到外生负面冲击的影响和反应，其背后的机制是"冲击—响应"模式。

该理论对于小规模的经济衰退有一定的解释力。但该理论也有不足。首先，如何解释"大萧条""次贷危机"等规模较大的经济危机。[62,63]20世纪30年代"大萧条"期间，美国GDP下降40%，失业率高达25%。当时技术水平有很大退步吗？大量的工人失业是因为他们自愿选择闲暇吗？将这些现象归结为"冲击—响应"模式较为勉强。正因如此，"大萧条"也是真实经济周期理论一直力图征服的领域，但并未完全成功。① 其次，如何理解它的政策结论。假设"冲击—响应"真是经济危机的实质，那么，政府和社会在面临危机时应该无动于衷、听之任之吗？这似乎也不是大众的普遍看法。

（二）研发与内生周期

真实经济周期理论是外生周期理论，经济波动只是系统面对外生冲击的被动反应，如果外生冲击完全消失，经济就会恢复到正常状态。那么，在没有任何外生经济冲击的情况下，经济是否会出现波动呢？这便是内生经济周期理论试图回答的问题。松山从研发和经济增长的角度为内生经济周期理论提供了一种可能性。[66]

松山的基本框架是罗默的规模报酬递增宏观增长模型。②[67]松山首先将产品分为最终品和中间品。最终品由中间品合成制造，供个人消费。中间品的需求由最终品决定，中间品的生产由资本投入决定，中间品的种类由研发投入决定。新产品只能够在当期获得垄断地位，下一期就会变成普通中间品。假设新产品价格为 p_t^m，研发投入成本为 F，利率为 r_t，则研发和生产新产品的利润为 $\pi_t = p_t^m x_t^m - r_t(ax_t^m + F)$，其中 t 表示时间，a 表示中间品的生产效率，即生产1单位中间品，需要 a 单位的资本。企业是否决定研发和生产新产

---

① 关于将真实经济周期理论用于解释"大萧条"的努力，可参见 Kehoe and Prescott 的研究。[64,65]

② 学术界一般将其称为内生增长模型。

品，取决于 $\pi_t \geq 0$ 是否成立。如果

$$x_t^m \geq r_t F/(p_t^m - ar_t), \tag{2-6}$$

企业会生产中间品。反之，不会研发新产品。两种情形都可能发生。假设现有中间品种类为 N_{t-1}，资本总量为 K_{t-1}，每种种类的普通中间品产出为 x_t^c。假设普通中间品和新产品产出之间的比例关系为 ψ，即 $x_t^c = \psi x_t^m$，则资本的使用可描述为①

$$K_{t-1} = N_{t-1} a \psi x_t^m + (N_t - N_{t-1})(ax_t^m + F) \tag{2-7}$$

（2-6）式和（2-7）式是松山模型的关键。新产品研发需要企业产出具有一定的规模，销售收入才能覆盖研发成本。但在资本规模受限、产品种类已经初具规模的情况下，新产品可能不会获得足够的市场份额，这便产生了矛盾。如果当期产品种类相对不多，企业便可获得充足的研发资本，开发更多新产品，经济便会高速增长。但当期经济增长制约了下一期经济发展的潜力。在下一期，过多的产品种类使得新产品不能形成规模，研发得不偿失，最终企业也失去了研发的动力，经济停滞不前。幸运的是，经济暂时的停滞又为下一次的经济发展打下基础。周而复始，经济在波动中增长（growing in cycles）。

松山模型是罗默规模报酬递增增长模型的一个特例。罗默等学者在1998年的一篇论文中指出，规模报酬递增增长模型可能存在多重均衡，也存在稳定的周期解。[68]但由于罗默的模型设定过于一般化，该文并没有得到周期解的显示解，只得到了模型的数值解。松山对罗默模型进行了简化，得到了模型的显示解，有助于理解增长模型蕴含内生周期的作用机制。松山模型的核心是新旧产品的内在冲突。创新会扩大产品种类，间接提高原有产品的生产率。但消化新产品需要时间，过度创新会限制未来产品的市场份额，反而成为自身发展的阻碍。因此，即使没有任何外生冲击，经济也存在波动。松山模型是真正的内生经

---

① 松山证明两者之间存在线性比例关系，更多细节见松山的研究。[66]

济周期模型,这是该模型与大多数经济周期模型的不同之处。相同之处在于,经济波动不会损害市场的效率,仍然是社会最优选择的结果。

(三)资本主义运动规律

国外主流学术界从马克思主义的角度研究经济危机的文献相对不多,伊格力 1972 年发表在《政治经济学杂志》(Journal of Political Economy)上的文章具有较大的影响力。伊格力认为"资本主义运动法则"(Law of Capitalist Motion)是马克思解释经济危机和劳动剥削的重要规律。资本家逐利的本性产生了源源不断的资本积累、技术升级和失业后备军,最终导致了社会结构失调和经济危机。[69]伊格力的主要工作,就是借助现代的一些数学工具,构建数学模型,重新阐释马克思的关于资本运动和经济危机的理论。

伊格力主要利用马克思的三个重要命题来构建他的理论框架。第一个重要命题是"工人的劳动时间等于必要劳动和剩余劳动之和",① 或者"必要劳动时间只是工人总劳动时间的一部分,超过必要劳动时间的劳动时间为剩余劳动时间。剩余劳动时间创造剩余价值,为资本家无偿占有。工人工资只是工人创造的总价值的一部分,刚好弥补工人劳动中的价值耗费。"伊格力假设工人每天的劳动时间为 h,小时工资为 w。工人每小时创造的价值为 1,工人必要劳动时间为 h^*,相应的生存工资(subsistence wage)也为 h^*。根据马克思的相关论述,有

$$h^* = wh < h \tag{2-8}$$

第二个重要命题是失业后备军理论。马克思在《资本论》中认为,失业人口越多,工人的生存环境越艰难。为了维持生存,获得资本家的雇佣,工人不得不接受更低的工资和更长的工作时间。假设人口总数为 $\bar{N}$,就业人口为 N,则失业率为 $u = 1 - N/\bar{N}$。根据

---

① 对于马克思已经写入教材的观点,本书认为它们已经是基本共识,为了节省篇幅,本书不再指出具体的出处。

马克思的观点,伊格力假设工人工作时间与失业率正相关,即

$$h = a + b(1 - N/\bar{N}), a > 0, b > 0 \qquad (2-9)$$

结合(2-8)式和(2-9)式,全体工人一天提供的劳动时间为

$$H^s = N[a + b(1 - N/\bar{N})] \qquad (2-10)$$

第三个重要命题是资本的价值构成。马克思认为,预付总资本可以分为不变资本和可变资本。不变资本用于购买机器设备和原材料,可变资本用于雇佣劳动力。不变资本转移价值,可变资本转移和创造价值。假设预付总资本为 $\bar{K}$,机器数量为 k,每台机器价值为 r,每台机器耗费原材料为 $\beta - 1$,那么,不变资本的总量为 $C = rk\beta$。假设总劳动时间为 H,则可变资本为 $V = wH$。根据"预付资本=不变资本+可变资本"这一公式,可计算出资本对劳动的总需求为

$$H^d = \bar{K}/\{r\sigma\beta + h^*/[a + b(1 - N/\bar{N})]\} \qquad (2-11)$$

其中,$\sigma = k/H$ 为劳均机器数量,类似于资本有机构成。

当经济达到均衡状态时,劳动供给量等于劳动需求量,$H^d = H^s$,即

$$\bar{K}/\{r\sigma\beta + h^*/[a + b(1 - N/\bar{N})]\} = N[a + b(1 - N/\bar{N})] \qquad (2-12)$$

(2-12)式是伊格力整个分析的基础。无论是静态分析,还是动态分析,它都无法用于直接解释经济危机。因为它和真实经济周期理论一样,认为经济系统仍然时时刻刻处于均衡状态。在缺乏外生冲击的情况下,模型不可能产生周期性的经济行为。但它还是可以得到一些有用的结论。其中之一是,提高资本有机构成,会导致失业率上升,利润率下降。

为了得到经济的周期行为,伊格力对马克思关于资本家本性的假设做了适当修改。马克思认为,单个资本家会不断增加资本积累,

升级技术,以获得相对剩余价值和超额剩余价值。这是资本逐利的本性。当所有资本家都采用同样的方式时,整个社会的资本总量增加,利润率下降,最终没有资本家能够获得超额剩余价值,仅能获得较低的平均利润率。[①] 实际上,这也是资本主义积累和生产盲目性的体现。伊格力认为,资本家会根据利润率的大小来调整投资行为。比如,如图2-7所示,资本家设置一个目标利润率:$\bar{p}$。当资本回报率超过目标利润率时,即 $p > \bar{p}$ 时,资本家减少消费,增加投资(即图中的1→2)。投资的结果是社会资本存量增加,利润率下降(即图中的2→3)。当资本回报率低于目标利润率时,即 $p < \bar{p}$ 时,资本家减少投资,增加消费。投资减少,社会资本存量下降,利润率上升(即图中的3→4)。如果再次出现 $p > \bar{p}$(即图中的4→5),资本家又会增加投资(即图中的1→2)。周而复始,形成经济周期。

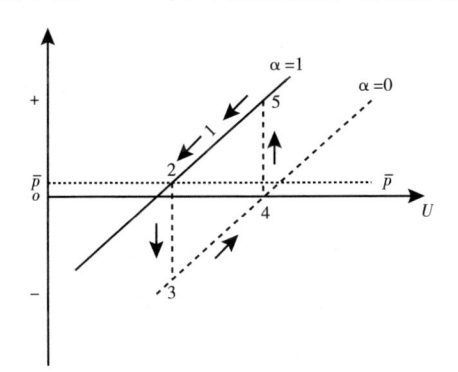

图2-7 伊格力模型的机制

资料来源:Eagly R. A. "Macro Model of the Endogenous Business Cycle in Marxist Analysis," *Journal of Political Economy* 80 (3) (1972): 535。

伊格力的模型清晰地揭示了马克思经济危机的部分机制,有利于马克思理论的推广。研究者即使没有马克思主义政治经济学的背

---

① 这里面实际上隐含一个假设:所有资本家都是同质的(homogeneous)。如果资本家是异质的(heterogeneous)或者部分资本家技术水平更高,少数资本家还是可以获得超额剩余价值。

景知识，只要接受一定程度的数学训练，也可以理解伊格力的模型及背后的原理。这是伊格力模型的成功之处。但它对资本家投资行为假设的合理性仍然值得讨论。马克思认为，资本家个体理性（逐利动机）会导致集体的非理性（利润率下降）。这个结果有点反直觉，似乎马克思假设资本家是愚蠢的：难道资本家不能根据未来的结果而调整现在的行为吗？难道资本家不能协调个人与集体、短期与长期之间的矛盾吗？伊格力修改了马克思的假设，认为资本家会根据利润率的大小来调整投资行为，似乎更加符合现实。事实并非如此。首先，马克思关于资本家本性的假设是对资本家行为深层次的描述，是对资本家本质的揭露。而伊格力描述的是资本家投资行为的部分特征，这些特征并不完全被现实数据支持。① 其次，伊格力的假设也没有真正解决个体理性和集体理性之间的悖论。在 $p < \bar{p}$ 时，伊格力假设所有资本家都减少投资。其中存在两个问题。第一，资本家之间如何沟通、协调以产生统一集体行动（collective behavior）。第二，如何阻止单个资本家背离集体行动。当其他资本家都减少投资时，单个资本家有提高资本有机构成，获得超额剩余价值的动机。伊格力没有解决这两个问题。实际上，这两个问题的存在，或者说，这两个问题几乎不可能解决，正是马克思关于资本家本性假设合理性的关键所在。②

三 暂未形成主流的不平等和经济危机关系研究

2008 年后，国外学者研究不平等和经济危机的文献逐渐增多，但相比真实经济周期理论而言，这些研究还不是国外研究的主流。

---

① 如果伊格力关于资本家投资行为的假设是资本家的本性，那么，根据他的模型，在现实中应该观察到一个现象：资本家在利润率高的时候消费少，在利润率低的时候消费多。这意味着资本家的消费是反周期的。这不符合现实。利润率高，经济景气，资本家多消费。利润率低，资本家少消费，这才符合常识。

② 如何让分散的个体产生一致的集体行为，或者集体行动难题，一直是博弈论中的重要研究主题，目前还没有公认的结果和机制。

在现有的研究中，经验研究居多，理论研究相对较少。

部分研究试图从理论层面揭示不平等影响经济危机的机制。林和厄借助马克思主义理论分析了不平等与经济危机之间的关联。[70]他认为不平等使得大众的消费能力不足、少数富人的储蓄过剩，金融服务解决了这一问题：穷人向富人借钱，扩大社会消费规模，缓解生产过剩。金融创新加剧了这一过程，使得穷人不理性消费，寅吃卯粮，导致债务不稳定和资产泡沫，最终导致金融危机。林奎斯特发现资本（capital）和技能（skill）具有一定的互补性，能够利用经验数据较好的预测工资差异的变化。这种差异在经济危机期间可能被放大。[71]

魏斯曼重新考察了1929年经济大萧条的原因。他认为，工资停滞和不平等加剧是金融危机的重要原因。[72]首先，工人收入下降，导致社会消费水平下降，进而限制了实体经济投资的前景。其次，经济不平等上升时，为了保持社会地位（social status）不下降，普通家庭不会降低消费水平。这会导致储蓄下降，债务增加和工作时间延长。最后，富人逐渐控制整个国家。他们会利用意识形态（ideology）等手段，让国家减税、减少金融监管，这会进一步加剧不平等，也会加剧经济的不稳定性。魏斯曼认为上述效应也能用于解释美国2008年的金融危机。[73]

斯托克汉默认为，不平等程度增加是2008年国际金融危机的根本原因（root cause）。[74]不平等程度主要通过三个方面影响经济稳定性：一是降低消费水平；二是在债务主导发展（debt-led growth）的国家里（如美国），为了维持消费水平不降级，不平等程度增加会进一步提高穷人的负债水平；三是不平等程度增加会刺激富人的投机欲望。这些都会带来实体经济和虚拟经济的不稳定性，也会加剧国家贸易之间的不平衡。昆霍夫等通过理论模型显示，高杠杆率和金融危机是高收入家庭收入增加的内生结果。[75]1920~1929年和1983~2008年美国的实际数据也支持这一理论预测：金融危机之前，能够观测到高收入家庭收入明显增加。

部分研究从经验方面探寻不平等对经济危机的影响程度。他们的结果不尽一致。有学者发现不平等对发展中国家金融稳定有负面影响，但对发达国家的影响有限。波多和梅斯纳以高收入群体收入占比（top income shares）为指标，利用14个发达国家1920~2000年的数据进行研究，发现没有证据表明收入差距增加会加大金融危机的风险。对金融危机有解释力的指标是低利率和经济扩张，而不是其他。[76] 瑞赫和金利用68个国家1973~2010年的数据进行研究，发现在发展中国家，收入差距扩大会提高国内债务水平，进而引发金融危机。这种现象在发达国家并不显著。[77]

有学者认为不平等对发达国家的金融危机也有很强的解释力。裴汝吉尼等利用18个OECD国家1970~2007年的数据进行研究，发现收入分布对宏观不稳定有一定的正向关联。为了保持金融稳定，政府除了要考虑货币政策和规制改革，还要考虑收入分布的变化趋势。[78] 克瑞斯辰曼等利用14个发达国家1870~2008年的数据进行研究，发现不平等程度对金融危机的解释能力要远远超过贷款增长率等金融指标。将模型结果外推到样本之外时，他们发现，相比于其他指标的多变性，不平等程度的预测能力是较为稳定的。[79] 贝拉提尼等利用33个发达国家1970~2011年数据进行研究，发现收入不平等程度增加，会显著提高银行危机的可能性。用高收入群体收入占比指标的结果与之类似。[80]

有学者认为，不平等与经济危机之间的关联，在不同国家可能并不相同。狄梅里斯和里瓦达利用美国、英国、意大利和希腊等国的数据进行研究，发现美国和英国的收入不平等存在反周期现象，希腊呈现顺周期现象，意大利则不稳定。[81] 安吉拉诺和苏萨发现在金融危机前后，收入不平等表现各异：危机前，收入不平等增加；危机后，收入不平等急剧下降。另外，当政府支出本身并不用于减少收入差距时，金融深化（financial depth）能够适当平滑收入分布。[82]

第四节　小结

本章对马克思及国内外学术界关于不平等、经济危机及其相互关联的文献做了简短的梳理，得出结论：马克思对经济危机的研究是系统的、深刻的，在当前仍然值得不断学习和研究。

相比于西方经济学的研究范式，马克思对不平等及经济危机研究的明显特点是：马克思关心的是本质，西方经济学研究的是现象。马克思关心的是不平等如何"内生"（endogenously）地影响经济的稳定性和发展潜力。不平等是经济危机的一个原因。不平等加剧则是资本主义生产资料私有制和社会化大生产矛盾的产物。大部分的西方经济学文献认为经济危机是"外生"（exogenous）技术冲击的结果。经济危机前后，不平等可能加剧、可能下降，这只是一种现象。两者之间不构成本质关联。按照马克思的理解，消除经济危机、减小贫富差距，最核心的是改变不合理的资本主义制度。按照西方经济学的理解，资本主义制度本身是完美的，无需关注不平等、经济危机等现象。听之任之，放任不管，它们最终会自我修复。

目前国内外研究不平等与经济危机之间的关联的文献相对较少。已有的相关文献揭示的机制，与马克思的理论比较接近。比如，林和厄的研究。[70]这在一定程度上说明，如果不拘泥于对现象细枝末节的挖掘，而是关注事物的本质，至少在不平等与经济危机关联的研究中，马克思的研究是很难绕开的经典文献。

第三章 经验证据：经济危机与不平等的变化趋势

第一节 引言

在第二章，我们对国内外关于经济不平等、经济危机及其相关理论做了简要综述。本章的目的，是用历史数据对经济危机和经济不平等的变化趋势做概述性的描述，以期对相关概念和现象有一个直观的认识。

本章的内容分为三个部分。首先，我们介绍不平等、经济危机的定义和衡量方法。在现有的数据条件下，经济不平等一般指的是收入不平等。学术界一般用基尼系数来衡量收入不平等。当收入差距较大时，学术界一般用帕累托分布来衡量收入不平等。据皮凯迪等学者的研究，西方发达国家的收入差距除了在二战之后的福利国家时期有所缩小外，其他时间基本保持高位。西方经济学研究经济周期（business cycle）较多，研究经济危机（economic crisis）较少。经济周期指的是经济中一些主要变量，如产出、就业、投资、消费的同步周期性变动。根据这一定义，西方在工业革命之后的经济周期从未间断。经济危机一般指的是产出、就业的急剧下降，而且这种下降会持续一段时间。根据这一定义，西方国家世界性的经济危机次数相对较少，最著名的就是1929~1932年的"大萧条"。

其次，我们研究了1911~2010年的金融危机和经济危机事件，以及经济不平等在金融危机、经济危机前后的变化。金融危机指的是一国的银行体系出现系统性违约或破产风险。根据这一定义,世界各国在近百年来多次发生系统性银行危机。受限于数据的可得性,我们以美国、法国为例,研究了不平等在金融或经济危机期间的变化,发现了危机前后不平等程度先升后降的现象。

最后,我们研究了2008年金融危机期间不平等的变化情况,发现2008年以前,美国、英国、德国、法国等国的收入不平等有上升的趋势,2008年后有一段时间略微下降。但财富不平等的表现略微不同。美国整体上处于上升趋势,法国在金融危机前处于下降趋势,危机后处于上升趋势。

第二节 不平等与经济危机的定义和衡量

一 不平等

经济不平等(economic inequality)是一个较为宽泛的概念,具体可细分为收入不平等(income inequality)、财产不平等(property inequality)、工资不平等(wage inequality)、性别不平等(gender inequality)、机会不平等(opportunity inequality)等。收入数据相对容易获取,一般情况下,我们称经济不平等时指的是收入不平等。

收入不平等的常用测算方法有方差、绝对离差(即最大值与最小值之差)、变异系数(coefficient of variance,CV)、基尼系数(Gini coefficiente)、阿金森指数(Atkinson index)、达顿指数(Dalton index)、广义熵指数(generalized entropy index)、泰尔指数(Theil index)、逆帕累托系数(inverted Pareto coefficient)等[83,84,85]。假设社会中个体数量为 N,收入或对数化后的收入为 y_i,收入均值为 $\bar{y} = \sum_{i=1}^{n} y_i / N$。学术界比较常用的是变异系数和基尼系数。变异系

数①的公式是

$$CV = \sqrt{\frac{1}{N\bar{y}^2} \sum_{i=1}^{N} (y_i - \bar{y})^2} \quad (3-1)$$

基尼系数的公式是

$$GINI = \frac{1}{2N\bar{y}} \sum_{i=1}^{N} \sum_{j=1}^{N} |y_i - y_j| \quad (3-2)$$

皮凯迪等学者更倾向于使用逆帕累托系数。该系数与帕累托分布有关。帕累托分布的公式是

$$F(y) = 1 - (k/y)^{\alpha}, k > 0, \alpha > 1 \quad (3-3)$$

帕累托分布的特点是超过某一门槛的个体收入均值和门槛的比例与门槛无关，即 $E[y > y^*]/y^* = \beta = \alpha/(\alpha - 1)$。皮凯迪等学者将 β 称为逆帕累托系数。该系数能够较好地描述收入的厚尾趋势。[48] 三种测算方法各有特点。前两者反映的是收入的离中趋势，后者反映的是收入的厚尾趋势。当收入明显集中在少数富人手中时，用逆帕累托系数估算相对合理。

关于世界各国之间和国家内部不平等的变动趋势，有研究认为，二战以后，国家间的不平等程度在逐渐扩大，国家内部不平等程度有所缓和。[86] 但皮凯迪等学者的研究表明，西方发达国家的不平等程度在1700年之后没有明显改善，甚至厚尾趋势更加明显。[6,50]

图3-1是美国（USA）、法国（FRA）、德国（DEU）、英国（GBR）西方四国收入最高的1%人口收入占全国收入的比例。可以看出，一方面美国、英国、德国收入最高的1%人口收入所占比例在二战之后有比较明显的下降，但在20世纪80年代之后回升。美国尤其明显，20世纪30年代，美国的数值接近25%，20世纪80年代最低时不到10%，但2015年又超过20%。这三个国家的趋势与战

---

① 变异系数和基尼系数在后文的研究中将会涉及，因此，本章在此处对其简要介绍。

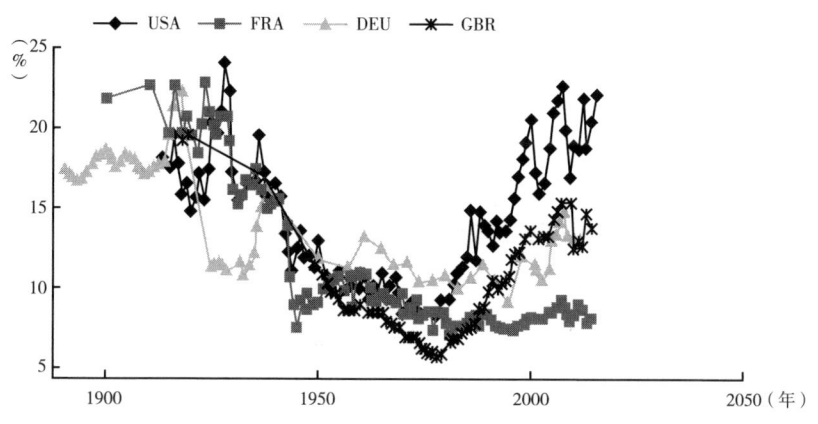

图 3-1　西方四国收入最高的 1% 人口收入占全国收入的比例

资料来源：WID 数据库。

后它们实行福利制度，而 20 世纪 80 年代撒切尔夫人、里根新政实行福利国家改革有关。另一方面法国整体上呈下降趋势，在 20 世纪 50 年代后基本平稳。这与两个因素有关：一是法国大革命使法国社会相对平等；[1] 二是法国在战后一定时间内吸收了社会主义的部分思想，福利制度相对健全。

二　经济周期与经济危机

在马克思主义的语境里，经济危机的一个重要特征是"生产过剩"或"生产相对过剩"。"生产过剩"的概念在理论上简单易懂，但在实际运用中，却很难成为确认经济危机的工具。比如，当我们在现实中观察到有大量企业产品积压时，能否认为出现了经济危机？不能简单下结论。产品过时、企业主动囤货、消费者需求变化等原因，都有可能造成产品积压。这些都是经济运行中的正常现象，和宏观环境没有必然联系。因此，"生产过剩"更适合定性判断，不能直接用于定量分析。

学术界确认经济危机的一种常用做法是使用美国经济研究局（National Bureau of Economic Research，NBER）的概念和方法。[61,87]

首先，美国经济研究局将"经济危机"（economic crisis）的概念发展成为"经济周期"（business cycles）的概念。"经济周期"指的是宏观经济变量的周期性波动，或者对平滑路径（smooth path）的偏离。这意味着，确认是否存在周期需要较长时间的数据，首先，要确认经济变量的平滑路径或趋势、分离趋势和波动。假设经济变量为 $x_t = g_t + c_t, t = 1, \cdots, T$，其中 g_t 为趋势，c_t 为波动。x_t 可观察，g_t、c_t 不可观察。如果 T 足够大，经济学家就可以采用卡尔曼滤波等方式构造有意义的趋势和波动数据。其次，利用经济变量的趋势和波动数据判断经济是否处在危机状态。如果一些重要经济变量（如经济增长率、失业率等）的波峰或波谷的转折点几乎处于同一时刻，那么，便可以认为存在经济周期。

根据美国经济研究局的方法，周期性行为是经济中比较常见的现象。图3-2描绘了19世纪50年以后美国的经济周期情况。可以看出，二战之前，美国的经济周期比较频繁，二战之后有所缓和，但并未消除。其他发达国家的情况和美国类似。这在一定程度上也反映了当前经济周期定义的不足：过度重视危机的特征，忽视危机的本质。这使得正常的经济调整也被纳入周期的定义，混淆了周期和危机的内涵。

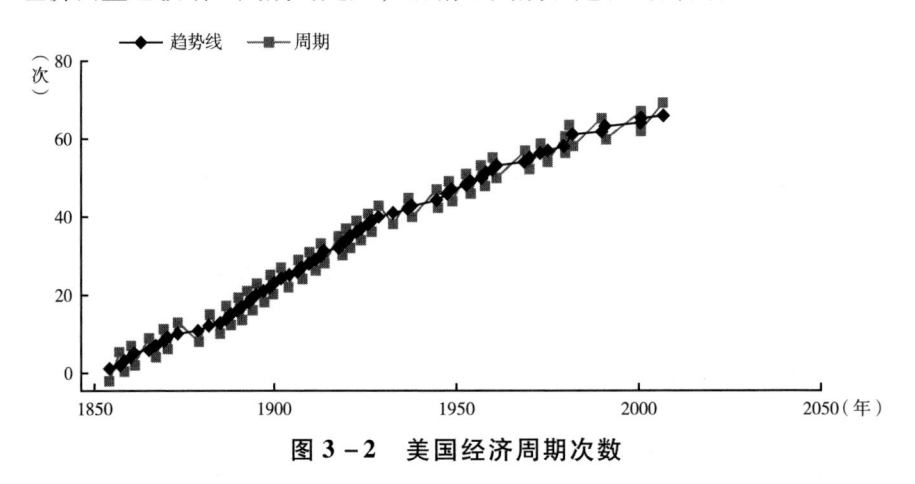

图3-2　美国经济周期次数

资料来源：Altug S., "Business Cycles: Fact, Fallacy, and Fantasy," *World Scientific* (2010)：11-12。

普雷斯科特等学者对"大萧条"（great depression）的定义和传统的经济危机概念接近，也保留了现代经济周期易于识别的特点，值得借鉴。[61,64,65,87]他们认为，如果在时间段 $D=[t_0,t_1]$ 内，人均实际GDP y_t 满足三个条件，则称经济出现了"大萧条"。三个条件分别为：（1）存在时间 $t\in D$，使得 $\frac{y_t^i}{g^{t-t_0}\hat{y}_{t_0}^i}-1\leqslant-0.20$，其中 g 为平均增长率，$\hat{y}_{t_0}^i$ 为经济体在 t_0 时的潜在人均产出；（2）存在时间 $t\leqslant t_0+10$，使得 $\frac{y_t^i}{g^{t-t_0}y_{t_0}^i}-1\leqslant-0.15$；（3）不存在时间 $T_1,T_2\in D,T_2\geqslant T_1+10$，使得 $\frac{y_{T_2}^i}{g^{T_2-T_1}y_{T_1}^i}-1\geqslant0$。这三个条件实际上是普雷斯科特等学者对美国1929~1939年"大萧条"、20世纪80年代拉美主权债务危机和1970~2000年瑞士、新西兰经济萧条的概括。第一个条件的含义是危机期间人均GDP最大下降幅度至少为20%，强调是危机的幅度；第二个条件是危机爆发后10年内经济至少下降15%，强调的是危机的持续时间；第三个条件的含义是即使在危机恢复阶段，经济的增长速度也要低于正常阶段的速度，强调的是走出危机的难度。这三个条件从不同角度描述危机的特点，只要稍加修改，就可以用来刻画其他程度的危机。

第三节　历史证据：金融危机与经济衰退

阿特金森对1911~2010年发生的金融危机进行了系统的总结（见图3-3）。[5]根据阿特金森的定义，金融危机指一国的金融部门出现大规模的违约，金融机构按期还款能力遭遇重大困难。[5]1911~1936年是金融危机爆发比较频繁的一段时期。这一时期，世界各国总共遭遇37次金融危机事件。①其中，巴西、意大利、挪威、葡萄

---

① 注意，此处不是指发生了37次世界性的金融危机，也不是指有37个国家遭遇了金融危机，而是指有37次金融危机事件。

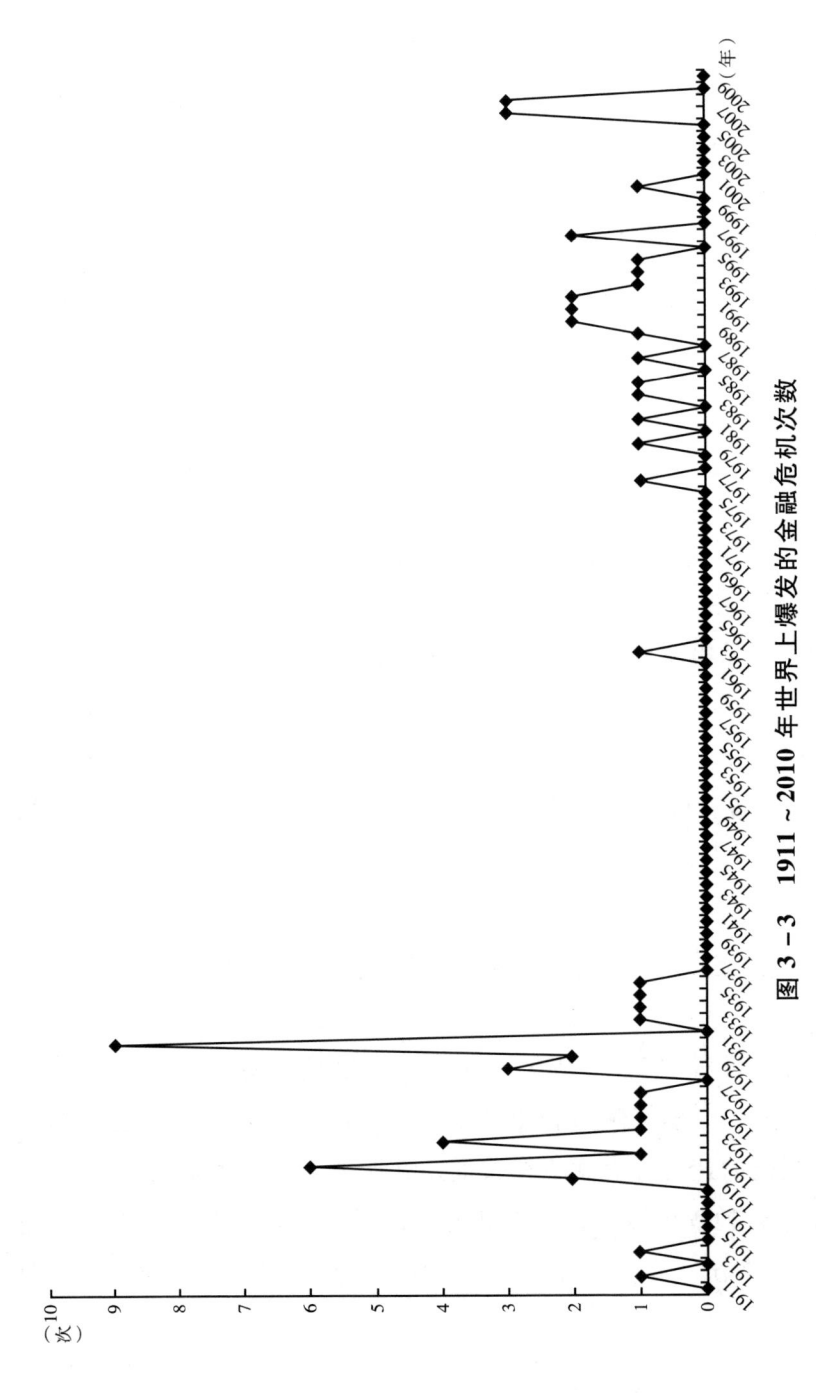

图 3-3　1911~2010 年世界上爆发的金融危机次数

资料来源：Atkinson A. and Morelli S., Economic Crises and Inequality. Working Paper, 2011, Table A.1。

牙、西班牙、瑞士各发生3次金融危机，阿根廷、加拿大、芬兰、德国、印度、日本、荷兰、瑞典各发生2次金融危机，澳大利亚、法国、美国各发生1次金融危机。1937～1945年处于第二次世界大战期间，没有发生金融危机。1945～1979年，只有2次金融危机事件：一是1963年的巴西金融危机，二是1977年的西班牙金融危机。1980～2010年，各国总共发生24次金融危机事件。其中，阿根廷发生4次金融危机，巴西、印度尼西亚、马来西亚、美国各发生2次金融危机，芬兰、德国、冰岛、印度、意大利、日本、荷兰、挪威、新加坡、西班牙、瑞典、英国各发生1次金融危机。

随着生产力的发展，金融经济和实体经济之间的相互联系日益紧密，同时也日益独立。紧密，是因为金融经济最终是为了服务实体经济。独立，是因为金融经济除了满足人们投资、融资的需求外，还成为人们投机的工具。近100年来，世界频繁出现金融危机。这些危机是否影响实体经济，需要认真考察。图3-4描述了1910～2006年世界发生的经济衰退次数。此处经济衰退指的是人均实际GDP的振幅（波峰-波谷）超过一定数值，如1911～1950年超过9.5%，1950～2006年超过5%。可以看出，一百多年间，世界经济至少有4个时间段遭遇了较大规模的衰退：一是在1913～1920年，受到第一次世界大战的影响，世界总计发生92次经济衰退事件，[①] 平均每年11.5次；二是在1929～1932年，受到"大萧条"的影响，世界总计发生53次经济衰退事件，平均每年13.25次；三是在1939～1946年，受到第二次世界大战的影响，世界总计发生77次经济衰退事件，平均每年9.625次；四是在1987～1992年，受到美国股市"黑色星期一"崩盘的影响，世界总计发生29次经济衰退事件，平均每年4.83次。值得一提的是，1997年东南亚金

---

① 此处不是指有92次世界性的经济衰退，也不是指92个国家遭遇经济衰退，而是指有92次经济衰退事件。

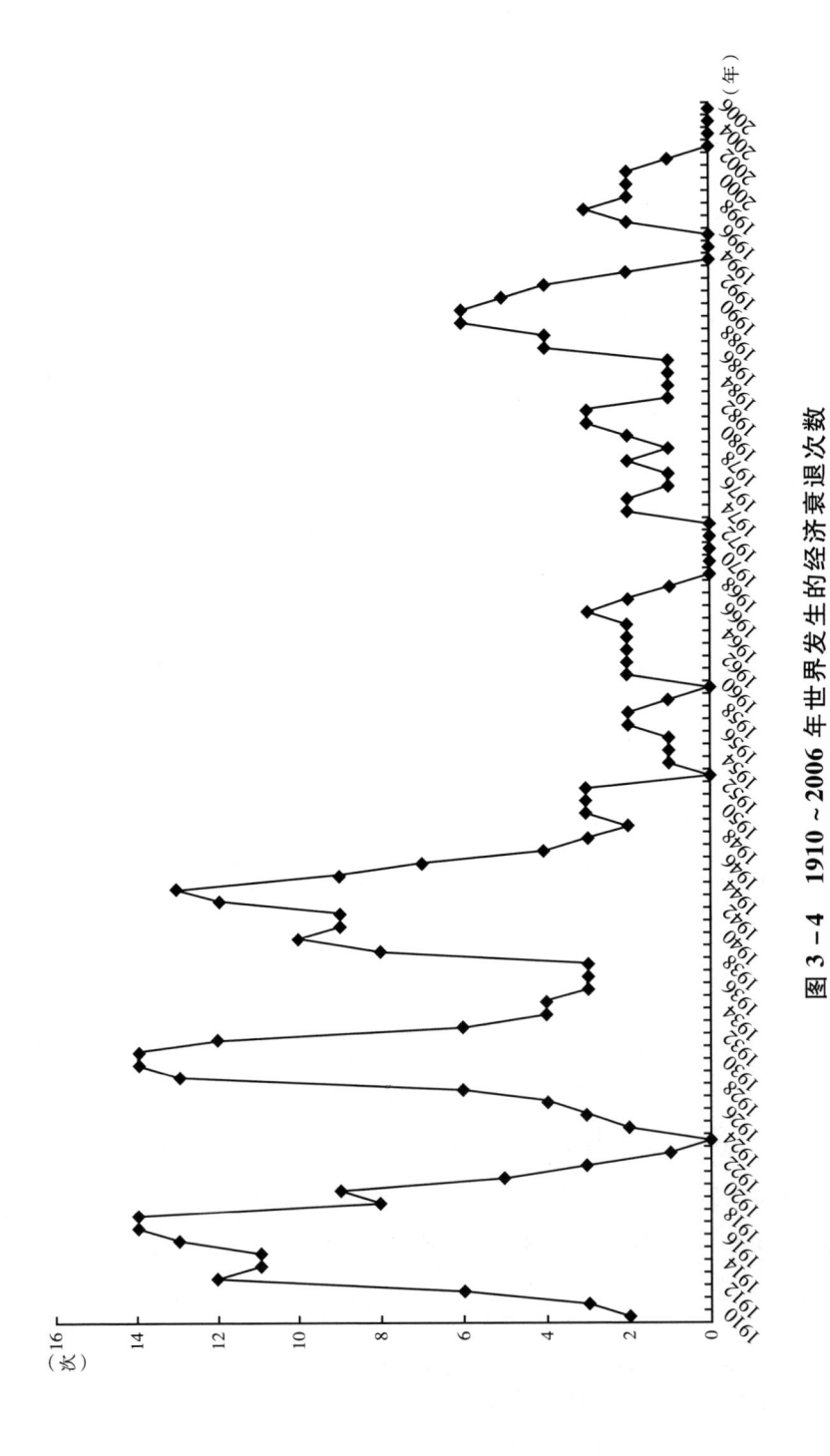

图 3-4 1910~2006 年世界发生的经济衰退次数

资料来源：Atkinson A. and Morelli S. Economic Crises and Inequality. Working Paper, 2011, Table A.1。

融危机影响并不是很大，除去南美洲的阿根廷外，亚洲国家只有马来西亚、印度尼西亚、新加坡受到影响。另外，2001年科技泡沫的影响也非常有限，只有阿根廷和新加坡受到影响，其他国家基本不受影响。

综合金融危机和经济衰退的信息，我们可以发现，在1921年、1931年、1990年前后，两者之间相关关系比较明显（见图3-5）。在其他时间段内，两者关系并不明显。一个可能的原因是，相比于实体经济，金融部门更容易被政府管理。特别是在"大萧条"之后，政府加强了对金融部门的监督和管理，使得金融部门发生系统性风险的可能性减弱。

我们挑两个较为典型的国家来了解金融危机和经济衰退前后不平等的变化情况，一个是美国，一个是法国。我们首先研究美国。图3-6描述了美国成年人人均国民收入增长率、前10%的收入份额和前10%的个人净资产份额的变化情况，分别用于反映美国经济、收入不平等和财富不平等的发展趋势。[①] 美国第一次金融危机是1929年。从图上可以看出，美国收入和财富分布的不平等在1928年前整体上处于上升趋势。1913年，美国收入不平等为0.42，财富不平等为0.78。1928年，这两个数值分别增加至0.48和0.84。1931年，收入不平等下降至0.45。1929~1930年，财富不平等略有下降，从0.8445下降至0.8439。第二次金融危机是在1984年。二战之后，西方国家包括美国为了维持社会稳定，纷纷采取福利国家制度，不平等程度整体有所下降，收入不平等在0.3~0.4之间，财富不平等在0.6~0.7之间。1980~1984年，收入不平等略有上涨，从0.35上升至0.37。1984~1986年，略有下降，降至0.36。与之相反，财富不平等在这段时间内整体上处于下降趋势。1980年为0.65，1984年为0.61。

[①] 为方便做数据对比，成年人人均国民收入增长率、前10%的收入份额、前10%的个人净资产份额均用实际比值表示，而非采用百分比的形式。

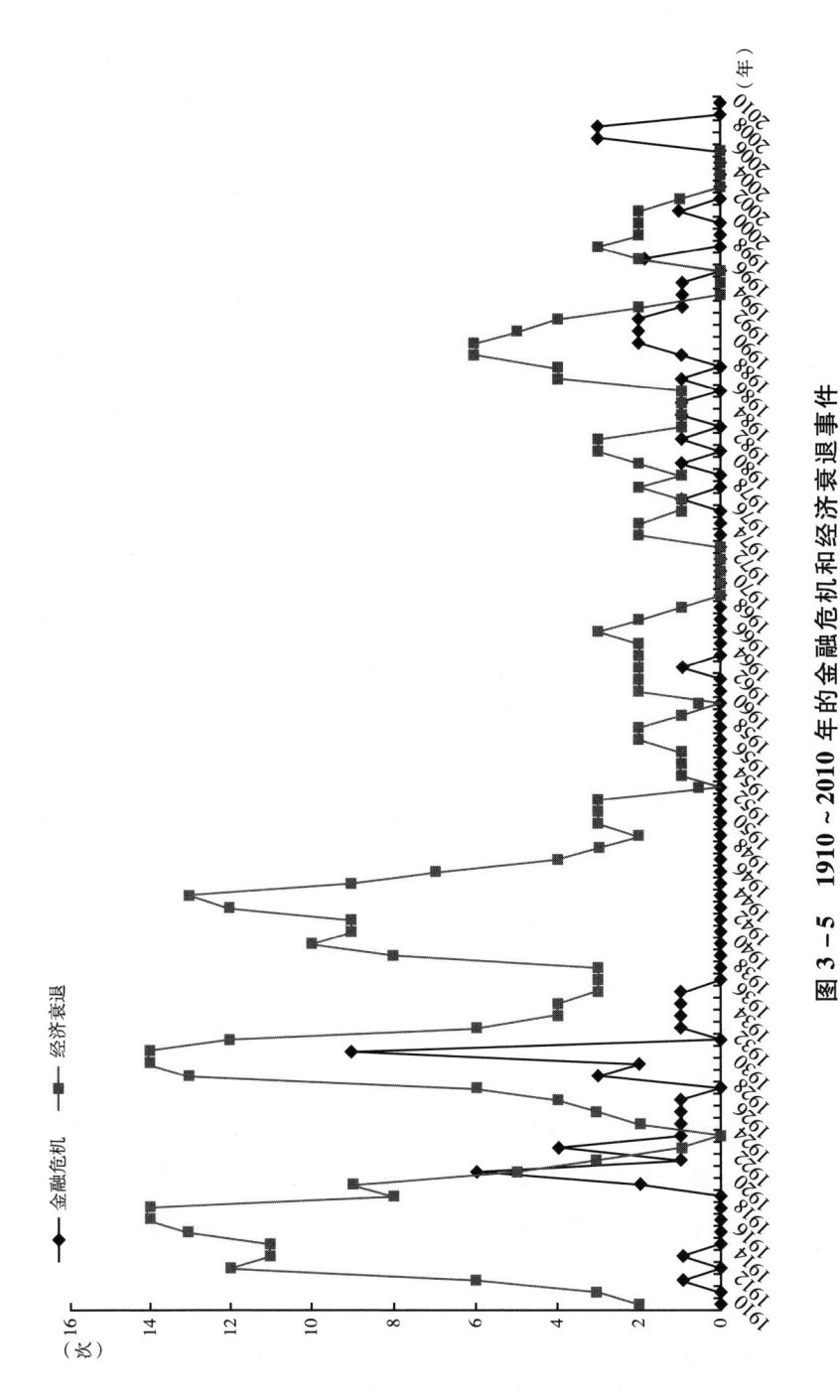

图 3-5 1910~2010 年的金融危机和经济衰退事件

资料来源：Piketty T. and Saez E. Inequality in the Long Run. *Science* (2014): 344, 838-843。

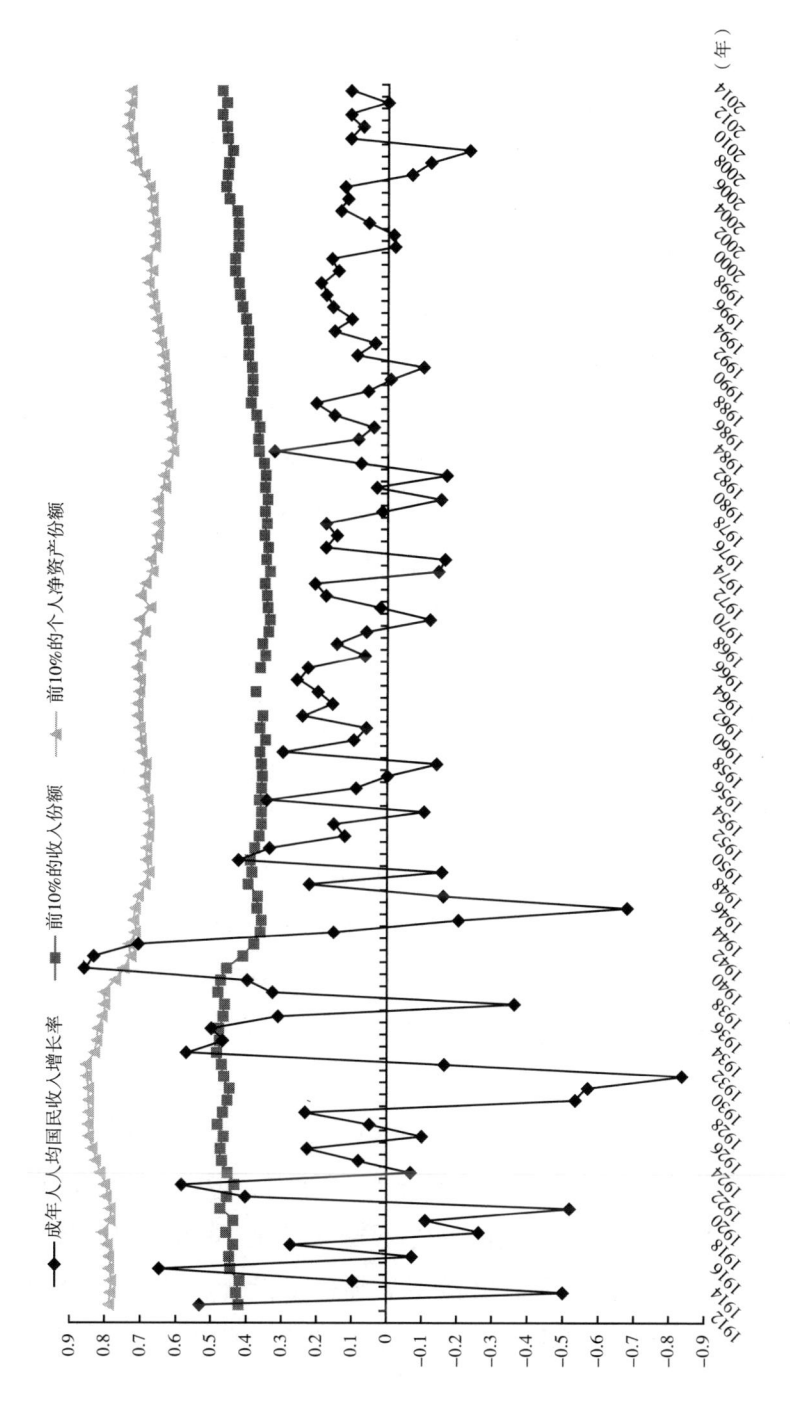

图 3-6 美国经济、收入不平等和财富不平等发展趋势

注：为了能够在图中清晰显示，我们将成年人人均国民收入增长率放大了 5 倍。

资料来源：WID 数据库。

我们再来看经济衰退期间美国不平等的变化情况。第一次经济衰退是在 1914 年，成年人人均国民收入下降 10.15%。1913~1914 年，收入不平等略有上升，从 0.4231 上升至 0.4295。1915年，略有下降，降至 0.4219，但仅持续 1 年。财富不平等在 1914~1915 年有所下降，从 1913 年的 0.7844 降至 0.7797，但在 1916 年后又开始上升。第二次经济衰退是 1919~1921 年，1921 年比 1918 年下降 17.93%。1918~1919 年，收入不平等程度略有上升，从 0.4364 增加至 0.4534。1920 年，收入不平等短暂下降至 0.4344，后来又开始上升。1915~1919 年，财富不平等持续上升，从 0.7797 上升至 0.8008。1920~1921 年，财富不平等略有下降，降至 0.7799。第三次经济衰退是在 1929~1933 年的大萧条期间，与第二次金融危机的时间重合。前面已有分析，此处不再赘述。第四次经济衰退在 1945~1947 年，1947 年比 1944 年下降 20.68%。1939~1945 年，收入不平等整体处于下降趋势，从 0.4787 降至 0.3582。1939~1944 年，财富不平等也处于下降趋势，从 0.8028 降至 0.7107。1945 年后，收入和财富不平等开始上升。第五次经济衰退是在 1974~1975 年，主要是受到 1973 年中东石油战争的影响，1975 年比 1973 年下降 6.13%。1970~1973 年，收入不平等持续上升，从 0.3384 上升至 0.3497。1976 年，收入不平等有所下降，下降至 0.3405。财富不平等在 1971~1972 年有所上升，从 0.6770 上升至 0.7013。1973~1974 年，财富不平等略有下降，下降至 0.6718。

我们再来研究法国的不平等的变化（见图 3-7）。1911~2010 年，法国只在 1930 年发生过一次金融危机事件。1916~1931 年，法国的收入不平等程度整体上呈下降趋势，从 0.5046 降至 0.4264。1925~1929，法国的财富不平等持续上升，从 0.7868 上升至 0.8027。1930~1932 年，财富不平等有所下降，降至 0.7797。

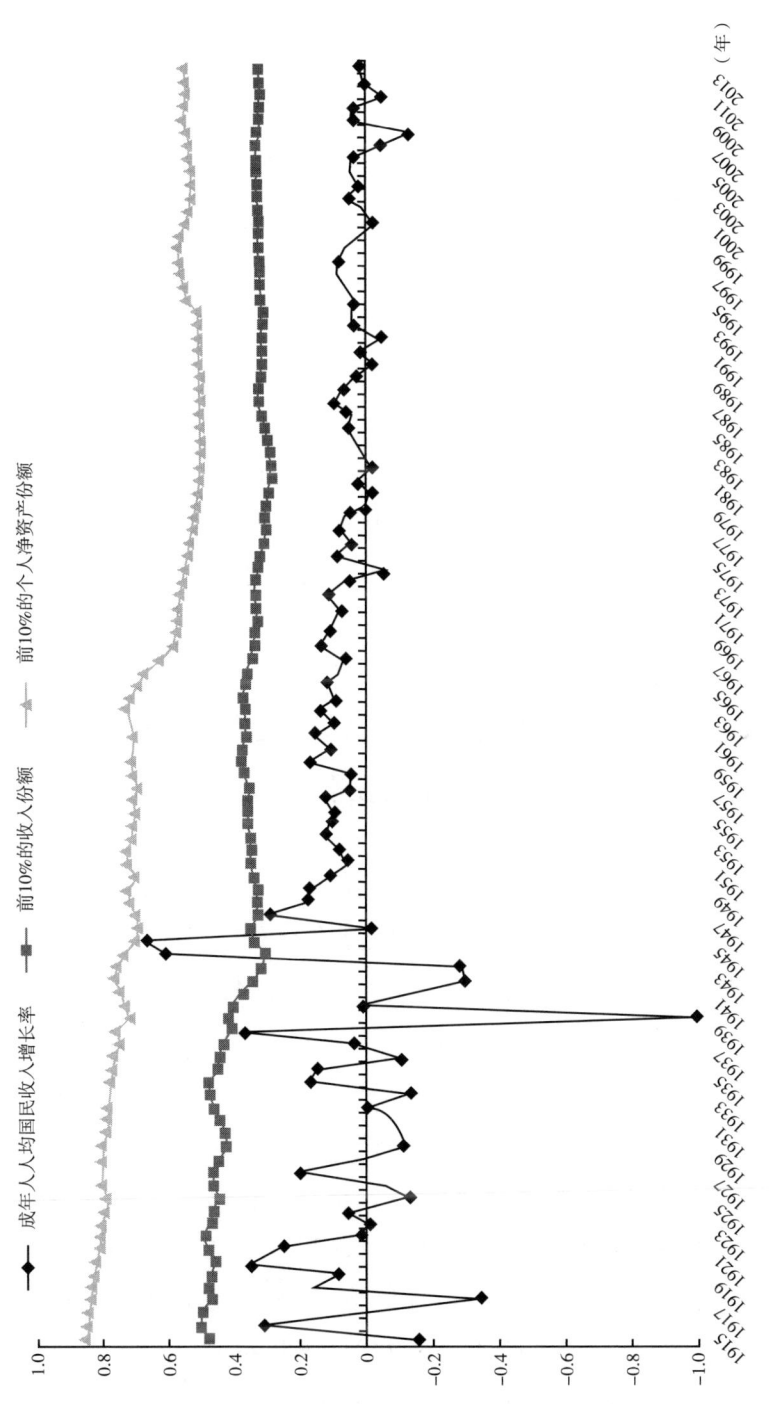

图 3-7 法国经济、收入不平等和财富不平等发展趋势

注:为了能够在图中清晰显示,我们将成年人人均国民收入增长率放了2.5倍。

资料来源:WID 数据库。

1916年后，法国遭遇的第一次经济衰退是在1917～1918年，主要是受第一次世界大战的影响，1918年比1916年下降14.18%。1915～1916年，收入不平等略有上升，从0.4851上升至0.5046。1917～1921年，收入不平等整体上呈下降趋势，下降至0.4618。1915～1916年，财富不平等基本与上年持平。1917～1925年，财富不平等呈下降趋势，降至0.7868。第二次经济衰退是在1929～1932年的"大萧条"期间，和法国唯一的一次金融危机时间一致，不再赘述。第三次经济衰退是在1942～1944年，主要是受到第二次世界大战的影响，1944年比1941年下降27.49%。1939～1940年，收入不平等略有上升，从0.4118上升至0.4223。1941～1945年，收入不平等持续下降，降至0.3112。1940～1943年，财富不平等略有上升，从0.7241上升至0.7639。1944～1947年，财富不平等略有下降，降至0.6882。

第四节　现实证据：2008年次贷危机后不平等的变化情况

本节分析2008年次贷危机期间部分发达国家不平等的变化情况。我们先分析收入不平等的变化趋势（见图3-8）。美国在2003～2006年，收入不平等上升，从0.4280上升至0.4603。2007～2009年，收入不平等有所下降，降至0.4434。德国在2000～2008年，收入不平等整体呈上升趋势，从0.3157上升至0.3651。2009～2011年，收入不平等略有下降，降至0.3499。英国2000～2007年，收入不平等除了在2004年略有下降外，整体上处于上升趋势，从0.3353上升至0.3620。2008年有所下降，2009年有所反弹，2010年再次下降，降至0.3162。法国的收入不平等波动相对较小。2000～2007年，收入不平等基本维持在0.3300左右。2007年达到峰值，为0.3387。2008～2009年略有下降，降至0.3217。

图 3-8 部分发达国家收入不平等情况

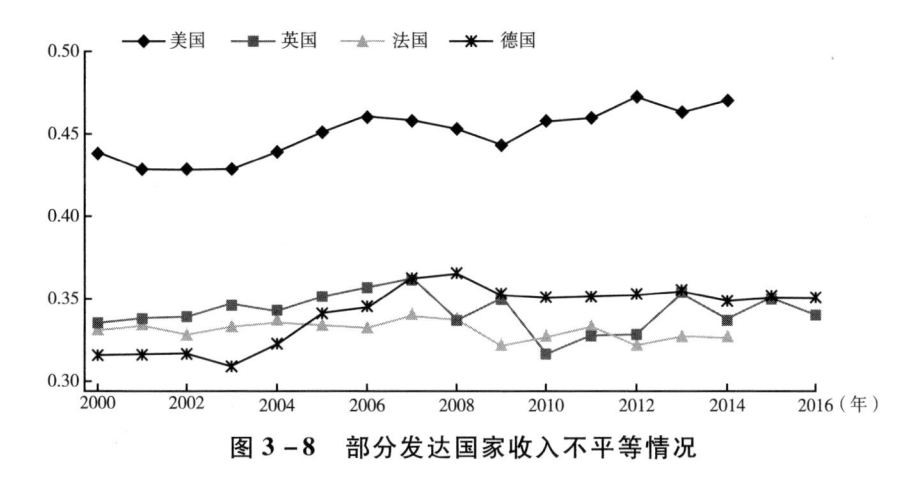

资料来源：WID 数据库。

我们再来分析财富不平等的变化趋势（见图 3-9）。相比于收入不平等数据，财富不平等的数据相对更难获取，此处缺德国和英国的数据。2001~2011 年，美国的财富不平等整体上处于上升趋势，从 0.6645 上升至 0.7413。2000~2005 年，法国的财富不平等整体上处于下降趋势，从 0.5706 下降至 0.5237。2006~2010 年，整体上处于上升趋势，上升至 0.5591。2011~2014 年，先下降后回升，2014 年为 0.5528。

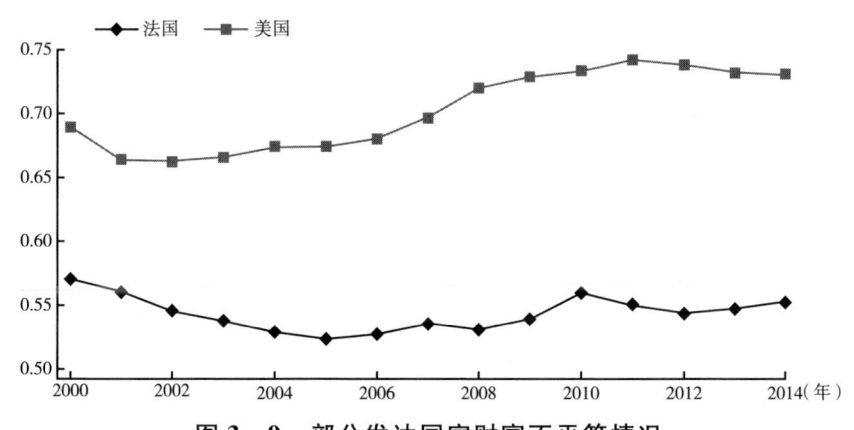

图 3-9 部分发达国家财富不平等情况

资料来源：WID 数据库。

第五节 小结

本章以美国、法国、英国、德国的历史数据为基础，研究了经济不平等在金融危机、经济危机前后的变化。我们发现经济不平等与金融危机、经济危机之间没有呈现单一的、稳定的关联，而是呈现复杂的图景。以美国为例，美国在 1945~1947 年第四次衰退期间，收入不平等均值和财富不平等均值都高于 1944 年，这说明经济危机加剧了不平等程度。但在 1974~1975 年第五次衰退期间，美国的收入不平等均值和财富不平等均值都低于 1973 年，这表明经济危机减缓了不平等程度。这些发现和艾金森等学者的研究结果[5]比较接近。

经济不平等、金融危机和经济危机的成因比较复杂，受到多种因素的干扰。经济不平等与经济危机呈现复杂的图像，这对于学术研究并不是坏事，反而会激励研究人员通过理论模型揭示其内在的机制、通过大量的数据展示其本源。这些是本书后面章节的研究目标。

第四章 机制研究Ⅰ：消费力和生产力的矛盾

第一节 引言

马克思在《资本论》当中，从多个方面论述了造成资本主义经济危机的一个重要原因就是不平等。资本集聚和财富集中使得资本家拥有了绝对的生产力，生产更多的产品。但这些产品能否最终实现价值，会受到消费力的制约。消费力取决于财富的分布。贫富差距扩大会使工人阶级和社会大众的消费能力萎缩。生产扩大、消费萎缩时，不可避免地会出现生产过剩。

马克思关于不平等与经济危机的研究无疑是深刻的，但遗憾的是，在当代它的影响有限。至少有两方面的原因造成此种情况。一是表达形式。《资本论》所处的时代，经济学家习惯于用思辨的方式表达思想。从一定程度上说，《资本论》的写作方式接近于哲学。它要求读者有一定的知识背景，也需要读者有一定的社会经验。读者的知识和经历越丰富，就越容易理解《资本论》。西方经济学中利用一些现代数学知识来研究经济周期和经济危机，看似门槛很高，但对于受过高等教育的学生而言，入门并不困难。二是研究范式。马克思及其同时代的学者认为经济并不处于均衡状态，或者说，均衡是偶然现象，不均衡是常态。这种论述符合直觉，但在数学上处理起来难度较大。西方经济学以经济均衡状态为假设前提，看似不合常识，但数学上处理起来相对容易。这就产生了一个矛盾：在目前阶段，马克思经济危机理论可能很难用数学来完整表达，必须借助思辨的方式进行叙述。但采用思辨的方式，可能会限制马克思经济危机理论的传播。在不能兼顾的情况下，必须要有所妥协。本章的主要工作，就是通过形式化的方式介绍马克思的经济危机理论，这会适当牺牲马克思经济危机理论的丰富性，但对扩大马克思理论的传播范围可能会有一定的帮助。

本章的目的之一，就是在一般均衡的框架下，研究不平等对经济增长和经济周期的影响。本章主要使用了两个假设。一是消费者的偏好是"非齐次"（non-homothetic）的或"金字塔式"（hierarchical）的。非齐次的偏好使得消费者不会把预算均匀地或者成比例地分配在不同的商品上，而是优先满足基本的需求，然后再满足更高层次的需要。商品之间存在一定的层级。越是基础的商品，需求越是充分；越是前沿的产品，需求越小。偏好的"非齐次"会使财富分配或收入分配在宏观经济平衡中发挥作用：穷人收入有限，基本只购买普通商品或一般商品；富人收入较多，除了满足基本需求之外，还会购买奢侈品或前沿产品。财富集中使得企业有能力研发前沿产品，但同时也限制了前沿产品的需求。二是商品具有不可分性（non-divisible）。商品具有不可分性的含义是：消费者对特定产品的需求是离散的，即对于特定产品，消费者要么消费1个单位，要么不消费。该假设使得消费者不会将预算全部花费在基础产品上。一旦消费者对特定产品的需求得到满足，就会开始寻求对其他产品需求的满足。这两个假设一定程度上可以描述马克思不平等与经济危机理论的内在机制，如图4-1所示：在生产层面上，不平等或财富集中能为先进技术提供资金支持，有利于培育小众市场和生产力发展；在消费层面上，不平等限制了市场规模，不利于发展大众市场和推进生产力发展。两者的矛盾使得经济不稳定，形成周期性波动。①

---

① 本章主要基于以下研究，贺大兴：《不平等、消费不足与内生经济周期》，《浙江社会科学》2015年第6期，第4~14页。不同之处在于本章对其做了一些拓展，并修正了一些错误。

图4-1　不平等影响经济稳定的机制Ⅰ：生产力和消费力

第二节　消费者与厂商的行为

一　偏好

本章引入一个离散的无限期的经济系统，$t = 0,1,2,\cdots$。在每一期，市场可以存在无穷多种类的产品，$j \in (0,\infty)$。个体i对产品的消费是非连续的，$c_{ijt} \in \{0,1\}$，同时个体的偏好是"非齐次"的或"金字塔式"的。[88]

$$u(\{c_{ijt}\}) = \int_0^\infty j^{-\gamma} c_{ijt} dj \qquad (4-1)$$

如果个体消费的产品种类为N_{it}，则

$$u(\{c_{ijt}\}) = N_{it}^{1-\gamma}/(1-\gamma) \qquad (4-2)$$

个体对产品呈现"金字塔式"的偏好，是本章的关键假设。在大多数教材中，[89]不同种类产品在消费中的地位是相同的。① 这种处理有利于简化模型，但与现实中个体的消费行为严重不符。哲学家柏拉图、经济学家亚当·斯密和心理学家马斯洛等认为，产品的消费地位是存在顺序的：一般而言，食物排在第一位，其次是

---

① 具体的技术处理方法是，不同种类的产品不直接进入个体的消费函数，而是作为中间产品，按照相等的权重加总为一个所谓的最终产品。个体只消费最终产品，这样不同中间品在个体偏好中的地位完全对等，消费金额也完全一致。

住房需求，再次是衣物需求，最后才是其他商品。只有对必需品的需求得到满足后，个体才会考虑奢侈品。恩格尔发现穷人的食品支出比例要远远高于富人，证实了他们的假设。[90]上述发现意味着，越是基础性的商品，它在消费者心中的权重越大。与福尔米和兹魏穆勒的研究[88]一样，本章通过在商品前加入权重（$j^{-\gamma}$）的方式来体现个体偏好的"非齐次性"。

偏好的"非齐次性"是哲学、经济学和心理学的一个重要发现。比如马斯洛著名的需求层次理论[91]指出，人类的基本需求（basic needs）首先是生理需求（physiological needs），如生存（existence）、食物（appetites），其次是安全需求（safety needs），再次是爱的需求（love needs），再次是自我尊重的需求（esteem needs），最后是自我实现的需求（need for self-actualization）。各种类型的需求具有一定的递进关系。① 马斯洛没有详细论证为什么将基本需求分为5个层次以及是什么因素决定了需求的顺序，但他的理论或假说符合社会大众的认知。遗憾的是，"非齐次性"偏好或需求层次理论在经济学领域没有得到足够的重视，很长时间内也缺乏合适的数学工具来表示。福尔米和兹魏穆勒通过加权重的方式和消费的非连续性来描述需求的层次性，[88]具有一定的开创性和启发性，这也是本书借鉴他们框架的原因。

个体的即期效用函数为

$$U(\{c_{ijt}\}) = u(\{c_{ijt}\}^{1-\sigma})/(1-\sigma) = \left(\int_0^{N_{ijt}} j^{-\gamma} c_{ijt} dj\right)^{1-\sigma}/(1-\sigma)$$

假设时间贴现因子为 $\beta \in (0,1)$。个体的总效用为

$$U = \max \sum_{t=0}^{\infty} \beta^t U(\{c_{ijt}\}) \qquad (4-3)$$

---

① 这种递进关系并不是固定的。马斯洛的研究指出，有的人认为自尊比爱更重要，也有人认为创新压倒其他需求。

二 不平等与预算约束

假设社会上有两类群体——穷人和富人，分别记为 I 和 II，人口规模分别为 λ 和 $1-\lambda$。穷人和富人除了财富不同外，在劳动能力和偏好方面完全一致。令 ϑ 为富人与穷人当期收入和净财富之和的比值，在人口比例给定的情况下，ϑ 越大，经济越不平等。[①]

个体通过劳动工资收入和初始财富来购买商品，其终生预算约束可写为

$$\sum_{t=0}^{\infty}\Big(\prod_{s=0}^{t}R_s\Big)^{-1}\int_{0}^{N_t}p_{jt}c_{ijt}dj \leq \sum_{t=0}^{\infty}\Big(\prod_{s=0}^{t}R_s\Big)^{-1}w_t l_{it} + V_{i0} \quad (4-4)$$

其中 p_{jt} 为商品 j 的价格，$R_s = 1 + r_s$ 为利息率，w_t 为工资水平，V_{i0} 为第 0 期的初始财富。

联合（4-3）式和（4-4）式，可构建拉格朗日方程求解个体的消费选择。令 μ 为（4-4）式的影子价格，则个体的消费选择为

$$c_{ijt} = \begin{cases} 1 & p_{jt} \leq z_{ijt} \\ 0 & p_{jt} > z_{ijt} \end{cases} \quad (4-5)$$

其中 $z_{ijt} = \beta^t u_{it}^{-\sigma} j^{-\gamma}/\mu$ 为个体的购买意愿。购买意愿既反映了消费者对商品的最高评价，也反映了在给定财富约束下消费者的最高支付能力。

（4-5）式再一次揭示了"非齐次"偏好假设的理论意义和现实意义。如果假设所有产品都是垄断定价，那么便会出现以下两种现象。一是商品的购买意愿价格与其位置负相关，位置越接近 0，价

[①] 如果用方差、变异系数和绝对离差来衡量不平等，ϑ 与不平等正相关。但如果用基尼系数来衡量不平等，则 ϑ 要超过一个门槛值，两者才呈现正相关关系。见附录 B 第一节第二部分的讨论。此处还是本书与福尔米和兹魏穆勒研究[88]的一个差别。福尔米和兹魏穆勒用穷人收入与社会平均收入来定义 ϑ，本书用富人和穷人之比来定义 ϑ。如果用基尼系数来衡量不平等，在福尔米和兹魏穆勒的定义中，基尼系数的分母为 1，与 ϑ 无关，而本书与 ϑ 有关，他们认为不平等与 ϑ 是正相关关系，而本书则认为两者关系不完全一致。

格越高，反之越低，即

$$p_{j_1 t}/p_{j_2 t} = (j_2/j_1)^{\gamma} \tag{4-6}$$

这似乎和现实相反。现实中，基础性的商品（如水）价格低廉，奢侈品（如钻石）价格昂贵。偏离的原因不是假设不合适，而是市场的竞争性：一旦水的供应被完全垄断，其价格必然高过钻石。① 二是部分商品可能存在消费不足的问题。如果企业将产品 j 的价格定为 $z_{\mathrm{I} jt}$，所有人都会购买商品，商品的总需求为 1。但是，如果企业定价为 $z_{\mathrm{II} jt}$，则只有富人有能力消费，总需求为 $1-\lambda$。相对而言，此时商品 j 的有效需求不足。这样，个体财富的异质性不仅导致个体消费水平存在差异，也使得不同商品的社会总需求函数发生变化。传统的"齐次"偏好框架（如查特吉的研究，[47]卡塞利和文图拉的研究[48]）无法达到这样的效果。"齐次"偏好框架下，社会总需求与财富分布无关，只与财富的绝对量有关，无法刻画消费不足理论的观点。这也是本书选用福尔米和兹魏穆勒的另一重要原因。

三 利率

假设个体 i 消费的相对最前沿产品为 N_{it}，消费总支出为 $\int_0^{N_{it}} p_{jt} c_{ijt} \mathrm{d}t$，平摊到其消费的产品上，则产品平均价格为 $\bar{p}_{it} = \int_0^{N_{it}} p_{jt} c_{ijt} \mathrm{d}j / N_{it}$。假设 V_{it} 为个体 i 拥有的初始资产，个体预算约束可改写为

$$\bar{p}_{it} N_{it} + V_{it+1} = (1+r_t) V_{it} + w_{it} l_{it} + \pi_{it} \tag{4-7}$$

其中 r_t 为名义利率，π_{it} 为个体获得的企业股利或转移支付之和。资产可以自由流动，所以消费者面对的名义利率相同（对于个体单期预算约束和终生预算约束之间的转换，可参见阿齐默格鲁的研

---

① 一个明显的例子便是经典的钻石与水的悖论。处于一望无垠的沙漠中孤独绝望的富商，肯定愿意用他所有的钻石来换取同伴少量的水。

究，[89]具体可见附录）。

假设个体 i 消费的最相对前沿产品为 N_{it}，个体的即期效用可写为 $U(N_{it}) = [N_{it}^{1-\gamma}/(1-\gamma)]^{1-\sigma}/(1-\sigma)$，再结合（4-3）式和（4-7）式，消费者的欧拉方程为

$$U'(N_{it}) = \beta\left(\frac{1+r_{t+1}}{\bar{p}_{it+1}/\bar{p}_{it}}\right)U'(N_{it+1}) \quad (4-8)$$

如果将 $\bar{p}_{it+1}/\bar{p}_{it}$ 理解为消费者 i 所消费商品价格的增幅，则 $1+\tilde{r}_{t+1} = \dfrac{1+r_{t+1}}{\bar{p}_{it+1}/\bar{p}_{it}}$ 为消费者借贷的实际利率，则（4-8）式和标准宏观增长模型中的欧拉方程没有本质区别（阿齐默格鲁的研究[89]）。理论上，如果能确定个体消费的变化情况，便可决定实际利率水平。除了名义利率相同外，消费者面对的实际利率也相同。这是均衡的必然要求。

命题4.1：穷人和富人借贷的实际利率相同。

证明：借贷不会发生在穷人或富人内部，因为他们组内是完全同质的。借贷只会发生在贫富两个群体之间。为不失一般性，假设穷人愿意支付的借款利率高于富人愿意放贷的利率，则穷人必会额外大量借钱。结果是：穷人当期消费增加，未来消费降低；或富人当期消费降低，未来消费增加。根据消费者即期效用函数凹性的特点，穷人（4-8）式左边下降，右边增加，要求实际借款利率下降；富人（4-8）式左边上升，右边下降，要求实际贷款利率上升。在名义利率必须保持一致的情况下，穷人和富人必须调整消费产品种类，直至两者相等为止。证毕。

命题4.1成立的关键是消费者的欧拉方程。欧拉方程描述的是个体对（真实）产品在当期和未来之间的权衡。如果产品的利率不相等，必然诱发个体通过借贷的方式进一步调整当期消费，最终，无论是穷人还是富人，（真实）产品代际的调整成本必须一致，即实际利率必须一致。

四 生产

劳动是唯一的生产要素。企业生产 1 单位的产品，需要 b/N_{It-1} 单位的劳动投入。研发新产品，需要 F/N_{t-1} 的劳动投入，① 其中 $N_{It-1} \in (0,\infty)$ 为上一期穷人消费的产品种类总数，$N_{t-1} \in (0,\infty)$ 为上一期的产品种类总数。劳动是同质的，所以产品的生产成本相等。令产品的单位成本为 1，则劳动者的工资为 $w_t = N_{It-1}/b$，② 研发成本为 Fn_{t-1}/b，③ 其中 $n_t = N_{It}/N_t$ 为第 t 期穷人消费的产品种类占全部产品种类的比例。n_t 越大，大众市场的规模越大，消费越充裕，反之则消费不足。

本书对劳动者生产和研发效率的设定，与福尔米和兹魏穆勒有着重大区别。福尔米和兹魏穆勒认为技术是通用的，因而新技术的研发会改进所有产品的生产和研发效率。[88] 但本书认为，产品的生产效率可能与市场规模更为相关。如果面对的是规模较大的大众市场，产品便会有更深层次的应用，这样生产者便能得到市场的及时反馈，从而根据市场偏好的变化进行相应的改进。这有利于发挥"干中学"的优势，从而提高劳动者的生产效率。[92] 反之，如果产品仅针对某一特殊的客户群，既很难集思广益，也无法让广大劳动者从新产品中获取新知识和新技能，生产效率增益有限。以计算机为例，在 20 世纪五六十年代刚被发明时，它主要被用于军事等特殊部门，对社会的影响甚微。但在 20 世纪八九十年代逐渐普及后，人们的学习和生活方式都发生了翻天覆地的变化，沟通也更为顺畅，第三次科技革命的威力也得以显现。

---

① 本书在此处假设 F 是常数，但在后文为了研究需要，会放宽这一假设。
② 生产部门是完全竞争部门，劳动是唯一的生产要素，因此，成本就是工资支出。根据假设，$1 = w_t b/N_{It-1}$，则工资 $W_t = N_{It-1}/b$。
③ 研发成本等于工资乘以劳动投入，即
$$W_t \times \frac{F}{N_{t-1}} = \frac{N_{It-1}}{b} \times \frac{F}{N_{t-1}} = F\frac{N_{It-1}/N_{t-1}}{b} = F\frac{n_{t-1}}{b}。$$

新产品垄断地位仅有 1 期,已有产品市场则是完全竞争市场。这是本书和福尔米和兹魏穆勒研究的又一重大差别。福尔米和兹魏穆勒假设企业对产品具有无限期的垄断地位。[88] 这会带来两个问题。一是基础性产品的价格要远远高于前沿产品,而且随着时间的推移,这种差距会逐渐扩大。这与现实不符。基础性产品技术含量低,很容易被模仿,因此很快便不得不按照成本定价,而不是根据购买意愿定价。二是存在过度创新导致的新产品闲置的现象。当新产品具有无限期的垄断地位时,即使个体的购买意愿很低,当期价格低于成本,企业也有动机研发新产品。因为企业可以利用未来产品价格上涨带来的收益弥补研发支出,这样便会出现新产品闲置的现象。这在现实中也比较少见。产品越超前,研发成本越大,如果当期价格低于成本,对企业而言很可能意味着研发失败,同时其他企业的模仿和创新只会使已有产品价格下降,从而无法弥补研发成本。本书的假设能较好地克服上述两个问题:已有产品完全竞争,价格势必低廉;垄断地位稍纵即逝,企业必须时时注意收支平衡,不能过度创新。

第三节　均衡状态下经济的演化情况

一　企业定价

对于垄断产品,企业不会都以穷人的购买能力定价,$p_{jt} = z_{\mathrm{I}jt}$。一旦如此,富人只需花费与穷人收入相当的财富即可购买全部产品,其部分财富必然闲置。财富闲置意味着财富的影子价格为零。反映在 (4-5) 式上,$\mu = 0$ 导致富人对最前沿产品(即第 N_t 种产品)的购买意愿 $z_{\mathrm{II}N_t}$ 无穷大。显然,此时厂商若将最前沿产品的价格定为 $p_{N_t} = z_{\mathrm{II}N_t}$,会获得更大的利润。部分商品必然只销售给富人,穷人无法消费全部产品,$N_{\mathrm{I}t} < N_t$。

对于垄断产品，企业也不可能都按照富人的购买意愿定价。否则，企业只可能获得 $\pi_{\mathrm{II}jt} = (1-\lambda)(p_{\mathrm{II}jt}-1)$ 的利润。但如果将产品也销售给穷人，则利润 $\pi_{\mathrm{I}jt} = (p_{\mathrm{I}jt}-1)$。新产品到底是卖给大众市场，还是特定人群，取决于两种情况下利润的大小。假设富人对最前沿产品（即第 N_t 种产品）的消费价格为 p_t，① 穷人消费的最前沿产品（即第 $N_{\mathrm{I}t}$ 种产品）的价格为 $p_{\mathrm{I}N_t}$。根据（4-6）式，富人对穷人所能消费的最前沿产品（即第 $N_{\mathrm{I}t}$ 种产品）的购买意愿为 $z_{\mathrm{II}N_{\mathrm{I}t}} = n_t^{-\gamma} p_t$。在 $N_{\mathrm{I}t}$ 处，应有 $\pi_{\mathrm{I}N_t,t} = \pi_{\mathrm{II}N_t,t}$。不难解出

$$p_{\mathrm{I}N_{\mathrm{I}t}} = z_{\mathrm{I}N_{\mathrm{I}t}} = \lambda + (1-\lambda) n_t^{-\gamma} p_t \tag{4-9}$$

与福尔米和兹魏穆勒的研究[88]类似，本书得到如下命题。

命题 4.2：富人购买所有的产品种类，穷人只能购买部分产品种类，即 $N_{\mathrm{II}t} = N_t$，$N_{\mathrm{I}t} < N_t$。

证明：命题的第一部分直接来自新产品垄断期限只有 1 期的设定。第二部分证明也非常简单。假设某商品的位置为 j，令 $n_j = j/N_{\mathrm{I}t}$。如果商品仅出售给富人，企业利润为 $\pi_{\mathrm{II}j} = n_j^{-\gamma}(1-\lambda)(n_t^{-\gamma} p_t - 1)$；若也出售给穷人，利润为 $\pi_{\mathrm{I}j} = n_j^{-\gamma}(p_{\mathrm{I}N_t}-1)$。简单计算不难发现，若 $j > N_{\mathrm{I}t}$，产品应只销售给富人，反之，也销售给穷人。

富人购买所有产品，因为新产品的垄断地位仅保持 1 期，必须当期弥补研发成本；穷人购买部分产品，因为贫富差距的存在，穷人没有能力购买全部产品。

二　劳动资源约束

社会劳动部分用于产品生产，部分用于研发。用于生产的劳动投入为

---

① 福尔米和兹魏穆勒关注的是经济的稳态解，其最前沿产品的价格为常数。本书不仅关注稳态解，还关注周期解，所以本书的 p_t 不是常数，而是可以随时间变化，这也是本书与现有文献的一个不同之处。

$$L_{Yt} = \int_0^{N_t} \frac{b}{N_{1t-1}}[\lambda c_{1jt} + (1-\lambda)c_{\mathrm{II}jt}]\mathrm{d}j$$

其中方括号内为社会的总消费，b/N_{1t-1} 为 1 单位产品消耗的劳动量。令 $\Delta_t = N_t/N_{t-1}$ 表示产品种类的增加倍数，上式可改写为 $L_{Yt} = b[\lambda n_t + (1-\lambda)]\Delta_t/n_{t-1}$。研发耗费的劳动数量为

$$L_{It} = F(N_t - N_{t-1})/N_{t-1}$$

劳动的总量为 1。社会的劳动资源约束可表示为

$$1 = b[\lambda n_t + (1-\lambda)]\Delta_t/n_{t-1} + F(\Delta_t - 1) \qquad (4-10)$$

从（4-10）式中可看出，由于生产与研发都需要劳动投入，当期大众市场的规模 n_t 与增长速度 Δ_t 呈现替代关系。但由于生产效率与上期大众市场相对规模 n_{t-1} 相关，n_{t-1} 与 Δ_t 呈现互补关系。最终，Δ_t 可以表示为 n_{t-1} 和 n_t 的函数，即 $\Delta_t = \Delta(n_t, n_{t-1})$。

三 自由进入

研发市场没有准入门槛，故最前沿产品的垄断利润等于研发成本便是进入的终止条件

$$Fn_{t-1}/b = (1-\lambda)(p_t - 1) \qquad (4-11)$$

不难看出，最前沿产品（即第 N_t 种产品）的价格与上一期大众市场的相对规模正相关，即 $p_t = p(n_{t-1})$，$p' > 0$。对于厂商，好坏参半。上一期大众市场规模大，最前沿产品价格高，厂商研发动力增大。但同时，大众市场规模大导致的高工资，也使研发成本上升，增加了研发风险，抑制了研发投入动力。

此外，（4-11）式也预示着：如果经济处于停滞状态，研发行为终止，最前沿产品价格等于 1。如果 $F \neq 0$，必有 $n_{t-1} = 0$，即财富完全集中在富人手中，穷人不消费任何产品。这说明，经济停滞的条件是非常苛刻的。事实上，根据上一节的设定，此时生产和研

发函数在数学上是无意义的，生产中需要的劳动投入是无穷大的。这意味着，上一节中 $N_{\text{I}t-1} > 0$，$N_{t-1} > 0$ 已自动排除了经济停滞的可能。

四 贫富差距

个体单期的预算为 $\int_0^{N_{it}} p_{jt} c_{ijt} \mathrm{d}j = w_t l_{it} + V_{it}$，其中 $V_{it} = (1 + r_t) V_{it} + \pi_{it} - V_{it+1}$。根据本章第二节对收入和净财富分布的假设，富人和穷人的贫富差距为 $\vartheta = \dfrac{w_t l_{\text{II}t} + V_{\text{II}t}}{w_t l_{\text{I}t} + V_{\text{I}t}}$。与福尔米和兹魏穆勒的研究[88]类似，贫富差距可改写为

$$\vartheta = \int_0^{N_t} p_{jt} c_{\text{II}jt} \mathrm{d}j \Big/ \int_0^{N_{\text{I}t}} p_{jt} c_{\text{I}jt} \mathrm{d}j \qquad (4-12)$$

在分析模型之前，本书对贫富差距做一些补充说明。在本书中，贫富差距是外生给定的，是常数。主要基于以下三个原因。首先，本书的目的是研究贫富差距变化对经济稳定性的影响，不是为了研究两者的交互影响。其次，模型求解的需要。稳态时 ϑ 不变，是否假设它为外生并无影响。但在周期解的情况下，变化的 ϑ 可能导致模型无法求解。最后，在前文的设定下，贫富差距不变是可行的。

命题 4.3：给定初始财富分配比例后，如果生产函数的唯一要素是劳动，那么在稳态或增长状态下个体之间没有借贷。

证明：首先，富人或穷人内部之间不会借贷，因为他们内部是完全同质的。其次，在稳态或增长状态下，如果只有劳动作为生产要素，那么任何人不会把产品从现在存储到未来消费。因为存储的产品不具有生产性，同时，在稳态或增长的情况下，时间贴现会使未来消费带来的边际效用低于当前消费的边际效用。最后，在稳态或增长状态下，穷人不会向富人借贷。

假设富人占有总产出的比例为 θ_{II}，穷人为 θ_{I}（显然有 $\theta_{\text{II}} + \theta_{\text{I}} = 1$）。假设当期总产出为 Y_t，下一期总产出为 $g_{t+1} Y_t$，$g_{t+1} \geqslant 1$。假设穷人人数为 λ，富人为 $1 - \lambda$。假设穷人和富人之间没有任何借贷，则穷人和富人的欧拉方程为

$$U'\left(\frac{\theta_{\text{I}} Y_t}{\lambda}\right) = \beta(1 + \tilde{r}_{t+1}^*) U'\left(\frac{\theta_{\text{I}} g_{t+1} Y_t}{\lambda}\right) \quad (4-13)$$

$$U'\left(\frac{\theta_{\text{II}} Y_t}{1-\lambda}\right) = \beta(1 + \tilde{r}_{t+1}^*) U'\left(\frac{\theta_{\text{II}} g_{t+1} Y_t}{1-\lambda}\right) \quad (4-14)$$

假设穷人在第 t 期借钱，在第 $t+1$ 期还钱，则穷人和富人的欧拉方程变为

$$U'\left(\frac{\theta_{\text{I}} Y_t}{\lambda} + \Delta\right) = \beta(1 + \tilde{r}_{t+1}) U'\left[\frac{\theta_{\text{I}} g_{t+1} Y_t}{\lambda} - (1 + \tilde{r}_{t+1}\Delta)\right] \quad (4-15)$$

$$U'\left(\frac{\theta_{\text{II}} Y_t}{1-\lambda} - \frac{\lambda}{1-\lambda}\Delta\right) = \beta(1 + \tilde{r}_{t+1}) U'\left[\frac{\theta_{\text{II}} g_{t+1} Y_t}{1-\lambda} + (1 + \tilde{r}_{t+1})\frac{\lambda}{1-\lambda}\Delta\right] \quad (4-16)$$

注意因穷人和富人人数不同，（4-15）式中穷人借到钱的数量和（4-15）式中富人借出的数量不相等，$\tilde{r}_{t+1}$ 为实际利率。

比较（4-13）式和（4-15）式，应有 $\tilde{r}_{t+1} < \tilde{r}_{t+1}^*$，但（4-14）式和（4-16）式要求 $\tilde{r}_{t+1} > \tilde{r}_{t+1}^*$，两者矛盾。

命题 4.3 背后的逻辑是，由（4-13）式变为（4-15）式，对穷人有利，因为这是平滑消费（任何凹函数下，平滑消费总是有利的）；但由（4-14）式变为（4-16）式，对富人不利，因为消费跨期之间差异变大，富人会拒绝这种变化。这意味着，在增长状态下，一旦设定财富差距，穷人和富人是没有动机去偏离（4-13）式和（4-14）式的。

排除借贷后，社会不平等程度是可以固定不变的。比如对个体工资征收 100% 的税，然后将所有产品按照 θ_{II} 和 θ_{I} 的比例给富人和穷人。同时，这种做法也不会影响个体的决策，因为在（4-3）式和（4-4）式中，个体是对总财富进行分配，而不是根据工资来决

定消费情况。

命题 4.4：经济增长，穷人受益，即 $\Delta_t > 1 \Rightarrow N_{It} > N_{t-1}$。

证明：由（4 - 11）式可知，$p_t > 1$。结合有关穷人购买最前沿产品（即第 N_{It} 种产品）价格的计算公式，可得 $P_{IN_t} > 1$，即穷人愿意支付比产品成本更高的价格。从购买意愿的定义可知，这意味着穷人有能力购买新产品。

在财富分配比例固定的情况下，经济增长越快，新产品种类越多，企业的利润越大，穷人的收入也随之增加。同时，上一期创新产品失去垄断保护，价格从垄断价格降为边际成本价格，由于价格效应，穷人的实际收入增加，穷人便有额外的预算购买新产品。

命题 4.5：经济停滞时，穷人消费产品种类的比例最低，即 $\Delta = 1 \Rightarrow n = \min\{n_t\} = 1/\vartheta$。

证明：当 $\Delta = 1$ 时，根据上一节已有产品市场完全竞争的假设，$p_{jt} = 1$。由（4 - 12）式可得，$n = 1/\vartheta$。当 $\Delta > 1$ 时，（4 - 12）式变为

$$\bar{p}_I N_{It} / [\bar{p}_I N_{It} + \bar{p}_{II}(N_t - N_{It})] = 1/\vartheta$$

其中 $\bar{p}_I$、$\bar{p}_{II}$ 为产品区间 $[0, N_{It}]$，$[N_{It}, N_t]$ 的平均价格。此时必有 $\bar{p}_I < \bar{p}_{II}$，否则穷人也有能力购买 $[N_{It}, N_t]$ 区间的产品。① 一旦 $\bar{p}_I < \bar{p}_{II}$，即可推出 $n_t > 1/\vartheta$。证毕。

命题 4.5 背后的现实依据是：创新停滞，或经济停止增长，具有正反两种效果。所有产品都按照成本定价，这对穷人有利。但创新停滞后，穷人仅能获得工资收入，收入下降，这对穷人不利。由于 $[N_{It-1}, N_{t-1}]$ 的产品价格在第 t 期一定会下降至 1，与是否创新无关，这意味着创新停滞带来的有利因素实际上是固定的、可预期的，

---

① 另外，若 $\bar{p}_I > \bar{p}_{II}$，企业可将 $[N_{It}、N_t]$ 区间内产品的平均价格定为 $\bar{p}_I$，既提高了价格，又增加了销量，进而增加了利润，但这与命题 4.2 矛盾。

而收入下降则是额外、非预期的损失。因此,创新停滞对穷人不利。这个结论和命题4.4的结论是对偶关系。

五 动力系统

将(4-9)式代入(4-12)式,可得

$$\vartheta = 1 + \frac{p_t N_t^\gamma \frac{N_t^{1-\gamma} - N_{1t}^{1-\gamma}}{1-\gamma}}{N_{t-1} + [\lambda + (1-\lambda)n_t^{-\gamma}p_t]N_{1t}^\gamma \frac{(N_{1t}^{1-\gamma} - N_{t-1}^{1-\gamma})}{1-\gamma}} \quad (4-17)$$

将(4-17)式右边上下同除以 N_t,可得

$$\vartheta = 1 + \frac{p_t(1-n_t^{1-\gamma})}{(1-\gamma)/\Delta_t + n_t[\lambda + (1-\lambda)n_t^{-\gamma}p_t][1 - \left(\frac{N_{t-1}}{N_{1t}}\right)^{1-\gamma}]} \quad (4-18)$$

根据前文定义,$N_{1t}/N_t = n_t$,$N_t/N_{t-1} = \Delta_t$,可得

$$\frac{N_{t-1}}{N_{1t}} = \frac{1}{n_t \Delta_t}$$

将其代入(4-18)式,可得财富分配方程

$$\vartheta = 1 + \frac{p_t(1-n_t^{1-\gamma})}{(1-\gamma)/\Delta_t + n_t[\lambda + (1-\lambda)n_t^{-\gamma}p_t][1 - (n_t\Delta_t)^{\gamma-1}]} \quad (4-19)$$

(4-10)式、(4-11)式和(4-19)式便可完全决定经济的动力系统。为方便阅读,将其整理如下

$$1 = b[\lambda n_t + (1-\lambda)]\Delta_t/n_{t-1} + F(\Delta_t - 1) \quad (4-20)$$

$$Fn_{t-1}/b = (1-\lambda)(p_t - 1) \quad (4-21)$$

$$\vartheta = 1 + \frac{p_t(1-n_t^{1-\gamma})}{(1-\gamma)/\Delta_t + n_t[\lambda + (1-\lambda)n_t^{-\gamma}p_t][1 - (n_t\Delta_t)^{\gamma-1}]} \quad (4-22)$$

(4-20)式中描述劳动约束,(4-21)式是研发行业自由进入条件,(4-22)式刻画不平等与消费不足的关系。

由（4-20）式可知，在给定参数下，Δ_t 是 n_t，n_{t-1} 的函数，即

$$\Delta_t = \Delta(n_t, n_{t-1}) = \frac{1+F}{F + b[\lambda n_t + (1-\lambda)]/n_{t-1}} \quad (4-23)$$

由（4-21）式可知，在给定参数下，p_t 是 n_{t-1} 的函数，即

$$p_t = p(n_{t-1}) = 1 + \frac{F n_{t-1}}{b(1-\lambda)} \quad (4-24)$$

将 $\Delta(n_t, n_{t-1})$ 和 $p(n_{t-1})$ 代入（4-22）式，（4-22）式右边将成为 n_t，n_{t-1} 的函数，因此，整个动力系统可简写为

$$\vartheta = f(n_t, n_{t-1}) \quad (4-25)$$

第四节 稳态下经济平等程度对经济增长的影响

令 Δ 和 n 分别为稳态时的增长比例和消费比例。稳态时的动力系统如下

$$\begin{aligned} 1 &= b[\lambda n + (1-\lambda)]\Delta/n + F(\Delta - 1) \\ Fn/b &= (1-\lambda)(p-1) \\ \vartheta &= 1 + \frac{p(1-n^{1-\gamma})}{(1-\gamma)/\Delta + n[\lambda + (1-\lambda)n^{-\gamma}p][1-(n\Delta)^{\gamma-1}]} \end{aligned} \quad (4-26)$$

（4-26）式中有三个未知数（n, Δ, p）和三个方程，因此，在合适的参数下，模型有唯一解。

一 完全平等

命题4.6：在稳态时，如果个体处于完全平等状态，经济增长率最高，即

$$\vartheta = 1 \Rightarrow \Delta^* = \max\{\Delta_t\} = (1+F)/(b+F) > 1$$

证明：当经济处于稳态时，资源约束（4-10）式变为

$$\Delta = \frac{1+F}{b\lambda + b(1-\lambda)/n + F}$$

很明显消费比例和增长速度呈现互补的关系，即 $\frac{\partial \Delta}{\partial n} > 0$。显然，$\vartheta = 1$ 或 $n = 1$ 时 Δ 最大，$\Delta^* = (1+F)/(b+F)$。前文假设 $b < 1$，因此，$\Delta^* > 1$。证毕。

命题 4.6 指出，在稳态时，如果 $n = 1$，增长率最高。这并不意味着平等条件下的增长率高于其他所有条件下的增长率，因为命题 4.6 只考虑了稳态时的比较静态，不涉及其他情形。

二 不平等

当经济处于稳态时，有 $n_t = n$，因此，（4 - 23）式变为

$$\vartheta = f(n,n) \tag{4-27}$$

关于 $f(n,n)$ 的性质有以下解释。首先，$f(n,n)$ 是连续函数。这是因为 $f(n,n)$ 是由连续函数通过简单的加减乘除运算而得。其次，当 $n = 1$ 时，我们有 $\min f(n,n) = 1$。这一点可由命题 4.6 而得，也可直接从（4 - 24）式中观察而得。最后，n 的最小值为 $(1-\lambda)/(1/b - \lambda)$。根据（4 - 24）中的第一式，$n$ 与 Δ 正相关。当 Δ 取最小值 1 时，n 取最小值 $(1-\lambda)/(1/b - \lambda)$。因此，$n \in ((1-\lambda)/(1/b - \lambda), 1]$。

令 $\vartheta^* = f[(1-\lambda)/(1/b - 1), (1-\lambda)/(1/b - 1)]$，$\vartheta^{**} = \max\{f(n,n)\}$。因为 $f(n,n)$ 是连续函数，利用中值定理，我们不难得到如下命题。

命题 4.7：（1）如果 $\vartheta \in (1, \vartheta^{**})$，模型存在稳态解，进一步，如果 $\vartheta \in [\vartheta^*, \vartheta^{**}]$，模型必存在多重均衡；（2）如果 $\vartheta > \vartheta^{**}$，模型不存在稳态解。

命题 4.7 直接来自中值定理。如图 4 - 2 所示，函数 $f(n,n)$ 在 $n = 1$ 处取得最小值 1，在定义域范围内的单调性依赖于参数 λ、γ 和 F 等值的大小。假设 $f(n,n)$ 在 n^{**} 处取得最大值 ϑ^{**}，由中值定理，无论 $f(n,n)$

的单调性如何，当 $n \in [n^{**}, 1]$ 时，$f(n,n) \in [1, \vartheta^{**}]$。如果 $\vartheta \in (1, \vartheta^{**})$，模型必存在均衡解。其他情况与之类似。

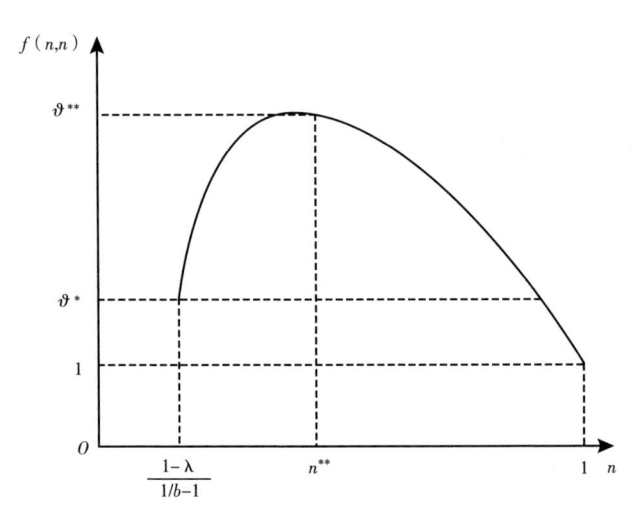

图 4-2 稳态均衡的存在性

模型可能存在多重均衡，源于劳动资源约束方程（4-10）式中上一期消费比例（n_{t-1}）和增长速度（Δ_t）之间的互补性。大众市场规模越大，生产率越高，能用于研发的劳动资源就越多。互补性使得多重均衡成为可能。稳态解可能不存在，或者社会可能陷入不稳定状态，与收入差距对生产和消费的不同影响有关。一方面，财富集中使得富人和厂商有强烈的创新动机［即财富集中使得研发成本降低，见对（4-11）式的讨论］，但另一方面，极度萎缩的大众市场使得消费能力和生产能力极端低下［源于大众市场和增长率的互补性，见对（4-10）式的讨论］。两方面对立的结果是：社会不仅没有能力维持稳定的创新，甚至也没有能力维持稳定的生产，只能陷入混乱。①

---

① 阿齐默格鲁和罗宾逊发现，贫富差距可能诱发革命，从而导致经济不稳定。[93] 本书则认为，即使没有革命，生产和消费之间的矛盾也可能产生同样的效果。这是本书与已有文献的一个差别。

令 n_ϑ^* 为给定 ϑ 下穷人消费比例的最大值,即 $n_\vartheta^* = \max\{n \mid f(n,n) = \vartheta\}$,$\Delta_\vartheta^*$ 为经济增长水平的最大值,即 $\Delta_\vartheta^* = \max\{\Delta \mid f(n,n) = \vartheta\}$。

命题 4.8:经济越不平等,穷人消费比例和经济增长率的上界就变得越小,即 $\frac{\partial n_\vartheta^*}{\partial \vartheta} < 0$,$\frac{\partial \Delta_\vartheta^*}{\partial \vartheta} < 0$。

证明:假设命题不成立,即存在 $1 < \vartheta_1 < \vartheta_2 < \vartheta^{**}$,有 $n_{\vartheta_1}^* < n_{\vartheta_2}^*$。因 $f(n_{\vartheta_2}^*, n_{\vartheta_2}^*) = \vartheta_2 > f(1,1) = 1$,又由于 $f(n,n)$ 是连续函数,根据中值定理,必有 $c \in [n_{\vartheta_2}^*, 1]$ 使得 $f(c,c) = \vartheta_1$。这与 $n_{\vartheta_1}^*$ 的定义矛盾。命题第一部分得证。由(4-10)式知,n_ϑ^* 与 Δ_ϑ^* 互补,命题第二部分自然成立。

命题 4.6~命题 4.8 有着非常强的现实意义。根据命题 4.6,经济平等时,大众市场的规模最大,进而社会能最大化地发挥干中学的优势,从而增长最快。根据命题 4.7 和 4.8,当经济不平等逐渐增加时,经济有可能处于多重均衡状态,这意味着,经济有可能处于较快增长状态,也有可能陷入低增长的贫困化陷阱。但无论如何,经济越不平等,经济增长的潜力越小。这些和已有文献的结论并不一致。部分文献(如查特吉的研究)认为不平等不会改变经济的宏观表现,[47]部分文献(如福尔米和兹魏穆勒的研究)认为,财富集中不仅使得新产品更容易被市场接受,富人较高的购买能力也会弥补大众市场缺失带来的利润损失,激励厂商进行创新。[88]但本书的结论与之不同。本书认为,大众市场除了能给企业带来更大的市场规模,还能在知识、技能更新方面提高劳动者的生产能力,经济平等才是经济发展的有力保障。

第五节 不平等对经济周期程度的影响

一 一般情形

当社会贫富差距较大时,经济没有稳态解,但可能存在周期解。

令 n_L 和 n_H 满足（4-10）式、（4-11）式和（4-12）式的周期为 2 的周期解，其中 H 表示高速增长阶段，L 表示低速增长阶段。在高速增长阶段，经济的动力系统为

$$1 = b[\lambda n_H + (1-\lambda)]\Delta_H/n_L + F(\Delta_H - 1) \quad (4-28)$$

$$Fn_L/b = (1-\lambda)(p_H - 1) \quad (4-29)$$

$$\vartheta = 1 + \frac{p_H(1 - n_H^{1-\gamma})}{(1-\gamma)/\Delta_H + n_H[\lambda + (1-\lambda)n_H^{-\gamma}p_H][1 - (n_H\Delta_H)^{\gamma-1}]} \quad (4-30)$$

在低速增长阶段，经济的动力系统为

$$1 = b[\lambda n_L + (1-\lambda)]\Delta_L/n_H + F(\Delta_L - 1) \quad (4-31)$$

$$Fn_H/b = (1-\lambda)(p_L - 1) \quad (4-32)$$

$$\vartheta = 1 + \frac{p_L(1 - n_L^{1-\gamma})}{(1-\gamma)/\Delta_L + n_L[\lambda + (1-\lambda)n_L^{-\gamma}p_L][1 - (n_L\Delta_L)^{\gamma-1}]} \quad (4-33)$$

（4-28）式至（4-33）式共有 6 个未知变量（n_H、n_L、p_H、p_L、Δ_H、Δ_L）和 6 个方程，在合适的参数下，方程存在有解的可行性。

类似于（4-25）式，经济的动力系统可简化为

$$\vartheta = f(n_H, n_L) = f(n_L, n_H) \quad (4-34)$$

（4-34）式有 2 个变量（n_H, n_L）和 2 个方程，合适的参数下，也可能有解。

命题4.9：模型的周期解由（4-28）式~（4-33）式或者（4-34）式决定。

由（4-23）式可知，

$$\frac{\partial \Delta_t}{\partial n_t} < 0, \frac{\partial \Delta_t}{\partial n_{t-1}} > 0 \quad (4-35)$$

（4-35）式的含义是：经济增长率与本期的大众市场规模负相关，与上一期的大众市场规模正相关。这是因为，本期的大众市场规模越大，就意味着越多的劳动资源投入大众市场产品的生产中，

用于研发的劳动资源就相对不足。创新不足，经济增长变慢。相应地，上一期的大众市场规模越大，本期的生产率越高，产出越大，经济增长越快。

由（4-24）式可知，

$$\frac{\partial p_t}{\partial n_{t-1}} > 0 \qquad (4-36)$$

（4-36）式的含义是：最前沿产品的价格与上一期的大众市场规模正相关。这是因为上一期大众市场规模越大，本期的生产率越高，个体相应越富裕，对商品的需求越多，所以最前沿产品价格越高。

由（4-22）式可知，当 $\gamma < 1$ 时，

$$\frac{\partial f(n_t, n_{t-1})}{\partial n_t} < 0 \qquad (4-37)$$

即

$$\frac{\partial n_t}{\partial \vartheta} < 0 \qquad (4-38)$$

（4-38）式的含义是：不平等程度越严重，当期的大众市场规模就越小。这个结论符合常识。因为不平等程度用两个群体的消费支出之比来衡量，在产品总量给定的情况下，不平等程度越高，穷人消费占比越低，相应地，大众市场规模越小。

结合（4-35）式～（4-38）式，得出结论：在经济波动的情况下，不平等程度越高，当期的大众市场规模越小，但经济增长速度相对较快。当期较小的大众市场规模和较快的经济增长速度对未来发展不利。下一期，由于生产率较低，产出相对下降，经济增长放缓。但创新不足、经济增长放缓的好处是产品的平均价格下降，价格效应使得穷人相对富裕，消费需求增加，大众市场扩大。周而复始，形成周期为2的循环。

命题4.10：当 $\gamma < 1$ 时，在（4-34）式决定的周期为2的经济

周期中，经济增长快，大众市场规模小，反之大众市场规模大。

命题 4.10 的发现与西斯蒙第、马克思、福尔米和兹魏穆勒的结论[88]有一定的相似性。他们指出，不平等或财富集中，有利于创新，但不利于培育市场规模。本书的结论与他们的观点基本相同。另外，在命题 4.8 的基础上，命题 4.10 揭示了不平等影响经济的新机制：在稳态下，大众市场与经济发展是统一的，但在经济周期下，两者呈负相关关系。这意味着，维持市场稳定、减小经济波动，无论对于经济发展，还是社会福利，都有所助益。

周期解背后的机制和松山的研究[66]部分类似。松山考虑存在一个资本积累（K_t）和水平创新（N_t）的模型。他发现，如果新产品的垄断期限有限，那么资本积累和创新之间存在一定的矛盾。如果上一期过度创新（即 Δ_{t-1} 较大），本期可用于生产每单位产品的资本水平便较低（即 K_t/N_t 较小，那么企业便没有足够的资源去创新，即 $\Delta_t = 1$），当期企业必须休养生息，以积累足够的资本为下一期创新做准备。这样，经济便陷入一个周期为 2 的循环当中。在本书中，发生周期的原因是经济不平等。如果经济存在较大的不平等，那么上一期消费不足（即 n_{t-1} 较小），穷人没能从丰富的产品链中获取足够的知识和信息，本期企业的生产效率较低，企业便没有足够的劳动资源去研发新产品，经济增长放缓（即 Δ_t 下降）。同时，已有产品价格的下降，使得本期穷人购买力上升（即 n_t 上升）。穷人消费的产品种类越多，获取的新知识和新信息越大，劳动技能也会随之提升，这为下一期的经济增长奠定了基础。经济周期也随之产生。

二 特殊情形

上一部分指出，模型可能存在周期解。但描述模型的 (4-34) 式比较复杂，很难确定解的存在性和解的性质。为了得到模型的显示解，本书对模型设定及参数做一些简化。首先，我们假设研发成

本不再为常数，而是与大众市场规模有关的函数，即

$$F = \frac{b(1-\lambda)n_t}{n_{t-1}} \quad (4-39)$$

（4-39）式意味着上一期大众市场规模越大，本期研发成本越低；本期的大众市场规模越大，研发成本越高。这个假设具有一定的合理性。根据本章第四节的假设，生产率与上一期的大众市场规模正相关。社会生产率越高，研发的配套设施可能越完善，越有利于创新。同理，本期大众市场规模越大，用于大众市场商品生产的劳动力越多，相应地用于最前沿产品生产和研发的劳动力越少，研发难度越大。结合（4-24）式，最前沿产品的价格为

$$p_t = 1 + n_t \quad (4-40)$$

其次，假设 $\lambda = 1/2$。这个假设仅仅是为了计算方便。（4-23）式变为

$$\frac{1}{\Delta_t} = \frac{b(1+2n_t)}{2n_{t-1}+bn_t} \quad (4-41)$$

再次，令 $\gamma = 0$。（4-22）式变为

$$\vartheta - 1 = \frac{2(1-n_t^2)}{(2+n_t)n_t - n_t/\Delta_t} \quad (4-42)$$

结合（4-41）式和（4-42）式，可得

$$4(\vartheta-1)n_t n_{t-1} = 4n_{t-1} - b(\vartheta+1)n_t^3 + b(\vartheta+1)n_t - 2(\vartheta+1)n_t^2 n_{t-1} \quad (4-43)$$

假设 (n_H, N_L) 为模型的周期解，则（4-43）式变成

$$4(\vartheta-1)n_H n_L = 4n_L - b(\vartheta+1)n_H^3 + b(\vartheta+1)n_H - 2(\vartheta+1)n_H^2 n_L \quad (4-44)$$

$$4(\vartheta-1)n_H n_L = 4n_H - b(\vartheta+1)n_L^3 + b(\vartheta+1)n_L - 2(\vartheta+1)n_L^2 n_H \quad (4-45)$$

令 $\psi = \dfrac{\psi_2 + \sqrt{\psi_2^2 + 16\dfrac{\psi_2(\vartheta-1)}{b(\vartheta+1)}}}{8(\vartheta-1)}$，$\psi_1 = 4 + 2(\vartheta+1)\psi - b(\vartheta+1)$，令

$(\tilde{n}, n_H, n_L)$ 为方程

$$x^3 + \frac{\psi_1}{b(\vartheta+1)}x + \frac{\psi_2}{b(\vartheta+1)} = 0 \qquad (4-46)$$

的解，其中 $\tilde{n} < 0, 0 < n_L < n_H, \psi_2 > 0$。

命题 4.11：令 $F = \dfrac{b(1-\lambda)n_t}{n_{t-1}}$，$\lambda = 1/2$，$\gamma = 0$，则模型可能存在由（4-46）式描述的周期解。

第六节　小结

本章借助贝特拉等[90]的非齐次性偏好模型，在本书作者前期工作的基础上，研究了不平等对经济稳定性的作用机制。

本章假设消费者具有非齐次性的偏好，商品具有不可分性。这两个假设使得消费市场发生分化。穷人预算有限，主要消费基础产品，形成大众市场。富人财力丰富，会消费前沿产品，形成小众市场。小众市场有助于推动技术进步（创新效应），大众市场有助于提高劳动生产率（市场规模效应）。资本流向大众市场还是小众市场，与财富分布有关。财富高度集中，资本会流向小众市场。财富相对平等，资本会流向大众市场。资本过度集中于小众市场，有利于研发，但会提高生产成本。两者之间的矛盾使得经济可能出现不稳定状态。

本章发现，如果个体处于完全平等的状态，经济增长率最高。这个结论和贝特拉等学者的发现不尽一致。贝特拉等学者认为，不平等对长期的增长有好处，或者，创新效应会大于市场规模效应。[90]本章的结论与之相反。本章进一步证明，如果不平等程度很大，经济甚至可能没有稳态。这意味着，当贫富差距很大时，生产（资本流向小众市场）和消费（资本流向大众市场）的矛盾将会无法调和，经济必然处于波动之中。

本章借助一般均衡理论，揭示了不平等对经济稳定性的影响。一般均衡理论有助于简化计算，帮助我们刻画了马克思关于不平等与经济危机之间的作用机制理论。这个理论也有不足之处：它是一个均衡理论，没有抓住马克思经济危机理论中的非均衡特征。这个遗憾我们将在第六、七章尝试进行弥补。

第五章　数值模拟Ⅰ：揭示经济平等和经济稳定之间的关联

在第四章我们研究了不平等与经济稳定性之间的关系，发现平等有助于经济稳定和经济的长期发展。本章我们对第四章的理论结论进行数值模拟，用图形的方式更为清晰地揭示经济平等和经济稳定之间的关联。

第一节　稳态下不平等对经济的影响

一　不平等与大众市场规模

在第四章第四节中，我们指出稳态时经济系统由（4-26）式或（4-27）式描述，并在命题 4.7 中证明，稳态时经济可能存在唯一解，也可能存在多重均衡，也可能无解。而后，我们进一步在命题 4.8 中证明了不平等会制约经济发展的潜力。模型解的情况与不平等程度的门槛值（$\vartheta^*, \vartheta^{**}$）有关。但由于函数 $f(n,n)$ 形式的复杂性，我们在命题 4.7 并没有确定门槛的具体值，这便存在一个问题：有没有可能 $\vartheta^* = \vartheta^{**}$，使得 $f(n,n)$ 具有单调递减的性质？如果答案是肯定的，模型就会有一些非常好的性质，如大众市场规模与不平等程度负相关，即 $\frac{\partial n}{\partial \vartheta} < 0$。但遗憾的是，答案是否定的。

图 5-1 描述了 $f(n,n)$ 的可能范围。横轴是大众市场规模，纵轴

是 $f(n,n)$ 的取值。其基本思路是：给定 n，求解 $f(n,n)$ 的可能取值。参数为 $F=1$，$b=0.5$，$\gamma=0.5$，$\lambda=0.8$。根据第四章第四节，大众市场规模 n 的取值范围为 $((1-\lambda)/(1/b-\lambda),1]$。结合参数，$n\in(0.17,1]$。可以得出以下结论。

一是如果将 n 作为自变量，那么，$f(n,n)$ 不是 n 的单调函数，甚至并不能保证一定为正值。这意味着，在本书的模型设定和本节的参数设定下，即使 ϑ 趋向于正无穷，n 可能无法取最小值，这有助于维护穷人的基本消费。二是 $n\geq 0.4505$，$f(n,n)$ 基本上都为正值。同时，$f(n,n)$ 的峰值出现在 $n\in(0.45,0.6)$ 之间，这意味着，当 ϑ 取一个较大的值时，比如，$\vartheta\geq 100$，就会有两个 n 值与之对应。[①] 命题4.7中多重均衡的存在性得到证实。多重均衡可能来自大众市场规模与增长速度的互补性（详见第四章第四节对命题4.7的讨论），也可能和研发自由进入条件有关。(4-11) 式指出，大众市场规模对于研发具有两个效果：一方面，大众市场规模推动了研发的需求；另一方面，它也提高了研发的成本。如果有不同的 n 值使这两个效果相等，那么就会产生多重均衡。三是当 ϑ 的值超过一定界限之后，模型可能无稳态解。无稳态解的原因仍然是互补性。极端的不平等促使经济高速增长，也使消费不足更加严重。两者的矛盾使社会无法处于稳定状态。这个机制和马克思关于基本矛盾的论述类似。四是当 ϑ 较小时，如 $\vartheta\in(1,10)$，大众市场规模与之负相关。原因可能是不平等程度较小时，大众市场规模扩大导致产品需求增加的正面效应，超过了研发成本增加的负面效应。

图5-2描述了稳态下不平等（ϑ）与大众市场规模（n）之间的关系，$\vartheta\in(2,10)$。其基本思路是，给定不平等程度 ϑ，找到合适的 n 使得 (4-27) 式成立。本质上，这个一个非线性方程求零

[①] $f(n,n)$ 数值与精度有一定的关系。0.45附近可能存在 $f(n,n)$ 的奇点，即 $f(n,n)=\infty$。因为在 n 取值不受限制的情况下，$f(n,n)$ 的分母部分可能等于0。

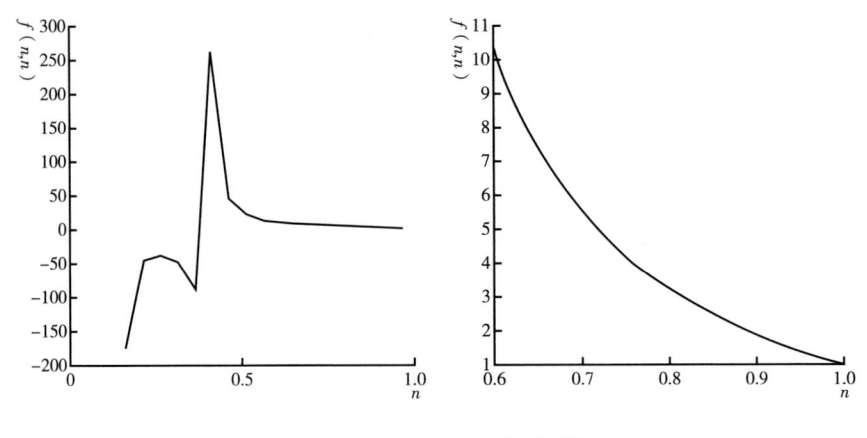

图 5-1 $f(n,n)$ 的范围

解的问题。本书用 MatLab 软件进行数值求解。图 5-2 就是求解的结果，最大误差为 $1.25677246387568 \times 10^{-13}$。从图中可以看出，降低不平等程度，有助于提高大众市场规模。

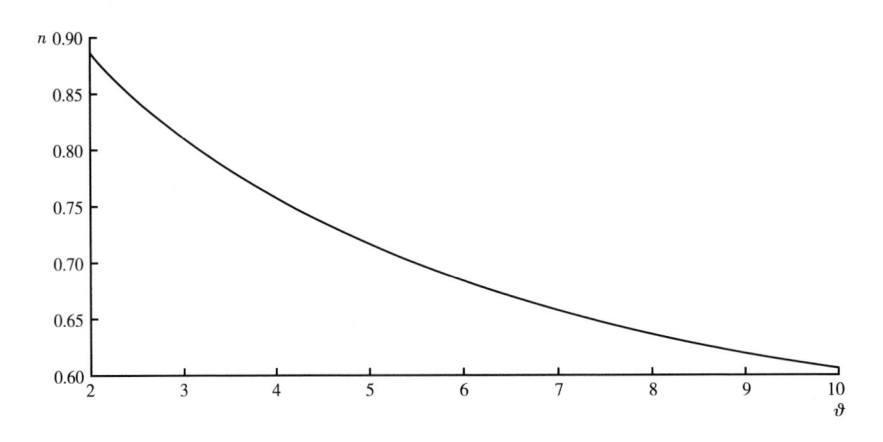

图 5-2 稳态下不平等（ϑ）与大众市场规模（n）之间的关系

二 不平等与经济增长率

图 5-3 左图描述了稳态下不平等（ϑ）与经济增长速度（Δ）之间的关系。参数设置与前文一致。从左图中可以看出，经济不平

等程度增加,会使经济增长速度下降,而且,下降速度有加快趋势。平等有助于提高稳态时的增长率,这是命题4.6的结论。主要原因是,平等有助于培育大众市场规模,而大众市场扩大,有助于生产率提高和经济增长(图5-3右图)。

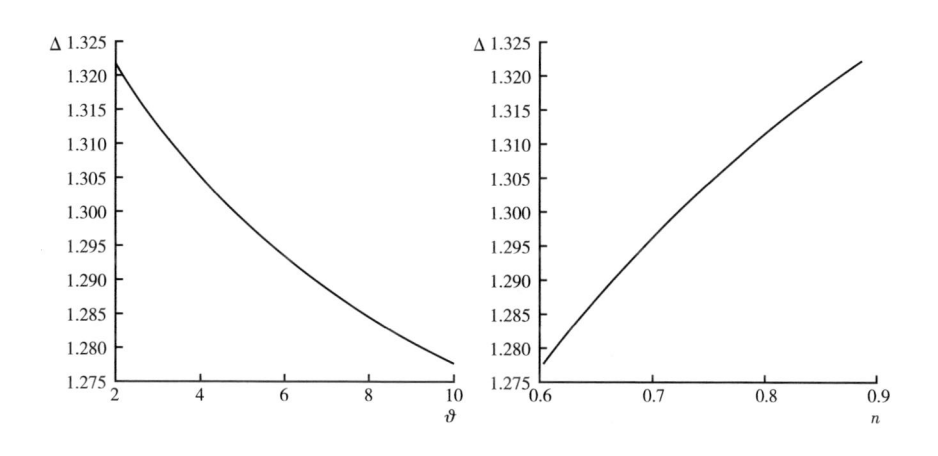

图 5-3　稳态下不平等（ϑ）、大众市场规模（n）与经济增长速度（Δ）之间的关系

三　不平等与研发需求

图 5-4 左图描述了稳态下不平等（ϑ）与研发需求（p）之间的关系。参数设置与前文一致。经济持续不断增长（$\Delta>1$），产品种类（N_t）会不断增加,直至无穷。因此,研发需求无法用研发种类表示,只能用最前沿产品的价格表示。价格越高,需求越大;反之,越小。如图 5-4 左图所示,不平等增加,研发需求下降。这个结论和西斯蒙第的研究[13]、福尔米和兹魏穆勒的研究[88]不完全一致。主要原因是不平等增加,大众市场规模下降,进而使得生产率下降,个体收入下降,最终使得研发需求下降（图 5-4 右图）。

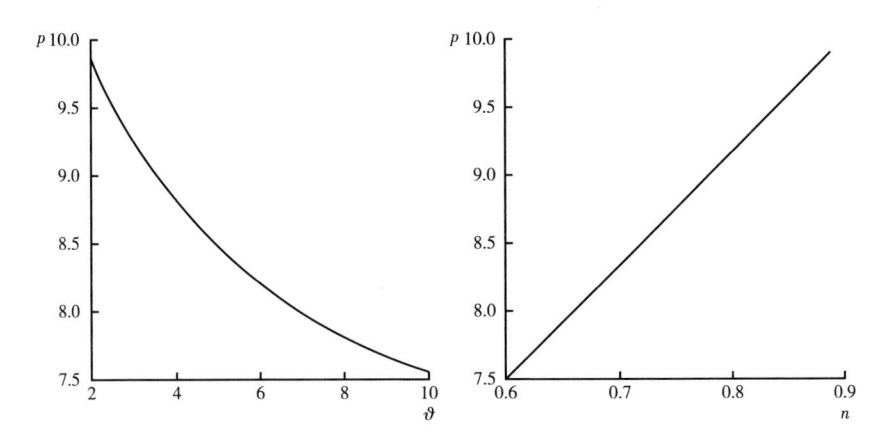

图 5-4　稳态下不平等（ϑ）、大众市场规模（n）与研发需求（p）之间的关系

第二节　经济周期下不平等对经济的影响

本书在第四章第五节指出，在经过一些简化处理后，模型可能存在周期解。模型的周期解由一个一元三次方程描述。一元三次方程已经有一般的求根公式，但它的解及其性质并不直观。有鉴于此，本节用数值方法描述特定参数下模型解的情况及其性质。

一　大众市场规模

图 5-5 描述了经济周期下大众市场规模的变化。参数为 $b=0.2$，$\lambda=1/2$，$F=b(1-\lambda)n_t/(n_{t-1})$，$\psi_2=1$，$\vartheta\in(55,100)$。如图 5-5 左图所示，模型确实存在周期解。$0<n_L<n_H<1$，说明模型的解是合理的。图 5-5 右图描述了 n_H/n_L 的变化趋势。很明显，随着经济不平等程度增加，大众市场规模在经济周期期间变化幅度越来越大。n_H/n_L 一定程度上可以用来度量经济的波动程度。这说明，不平等程度增加，经济的波动程度增加。

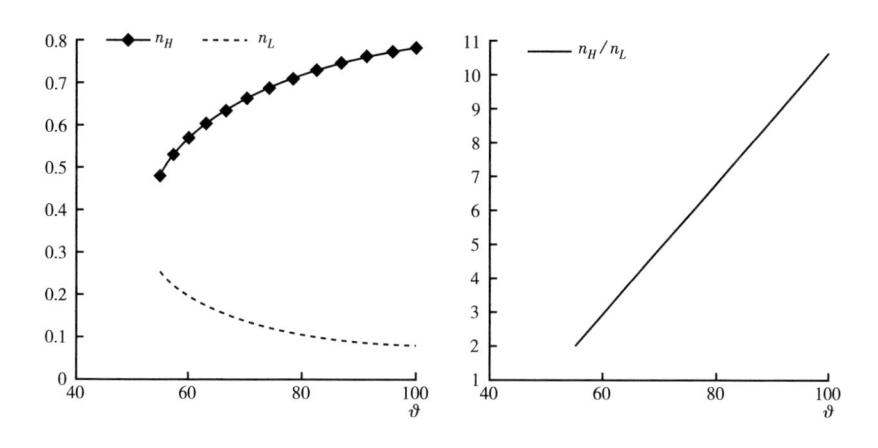

图 5-5 不平等与周期解：大众市场规模

二 经济增长率

图 5-6 描述了经济周期下经济增长速度的变化。参数与前文一致。图 5-6 左图描述了经济周期下增长速度与不平等程度的关系。需要注意的是，当 $\vartheta > 65$ 时，$\Delta_L < 1$，这与 (4-11) 式矛盾。从 (4-11) 式可知，任何时候都有 $p_t > 1$，这意味着最前沿产品的价格大于生产成本，产生正的利润。正利润会刺激研发，最终经济一定会增长，不会停滞或倒退。这说明，当 $\vartheta > 65$ 时，$\Delta_L < 1$ 不满足本书的基本设定，因此，必须排除这些无意义的解。图 5-6 右图描述了 $\Delta_H \times \Delta_L$ 与不平等的关系。我们知道，在一个周期内，经济的总增长速度为 $\Delta_H \times \Delta_L$，这意味着，$\sqrt{\Delta_H \times \Delta_L}$ 就是经济的平均增长速度。从图 5-6 右图中可以看出，随着不平等程度增加，经济的平均增长速度下降。

三 比较静态

下面比较不同不平等程度下稳态和周期解的性质。首先，我们在前文的参数设定下，求出模型的稳态解。在稳态下，决定经济结

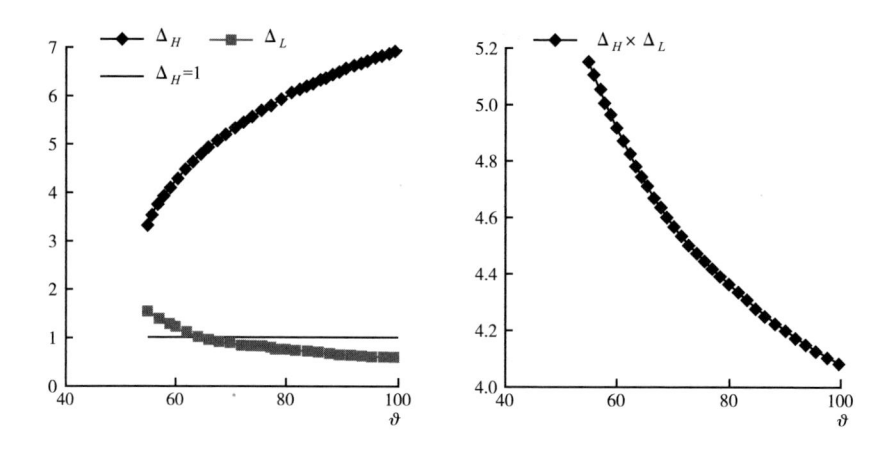

图 5-6 不平等与周期解：增长速度

构的 (4-43) 式变为

$$(b+2)(\vartheta+1)n^2 + 4(\vartheta-1)n - [b(\vartheta+1)+4] = 0 \qquad (5-1)$$

求解可得

$$n = \frac{-4(\vartheta-1) + \sqrt{16(\vartheta-1)^2 + 4(b+2)(\vartheta+1)[b(\vartheta+1)+4]}}{2(b+2)(\vartheta+1)} \qquad (5-2)$$

经济增长速度为

$$\Delta_n = \frac{(2+b)n}{b(1+2n)} \qquad (5-3)$$

图 5-7 描述了在本节的设定下稳态解的性质。从图中可以看出，稳态解的性质和第五章第一节的结论是一致的：不平等程度增加，大众市场规模下降，经济增长速度下降。但需要注意的是，当 $\vartheta > 16.1$ 时，$\Delta_n < 1$。这是不可能的，因为经济是不可能停滞或倒退的。

图 5-8 比较稳态解和周期解的性质。表面上看，经济周期下大众市场的平均规模（左图）和经济增长速度（右图）都要大于稳态下相应变量的数值。但实际上，这个结论是不成立的，因为从右图

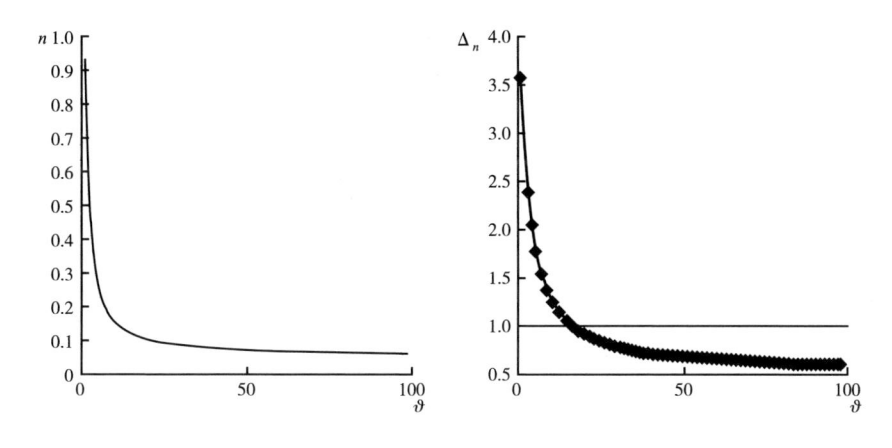

图 5-7 新设定下稳态解的性质

可知，此时的经济增长速度 $\Delta_n < 1$。这意味着，此时，模型没有稳态解，只有周期解。

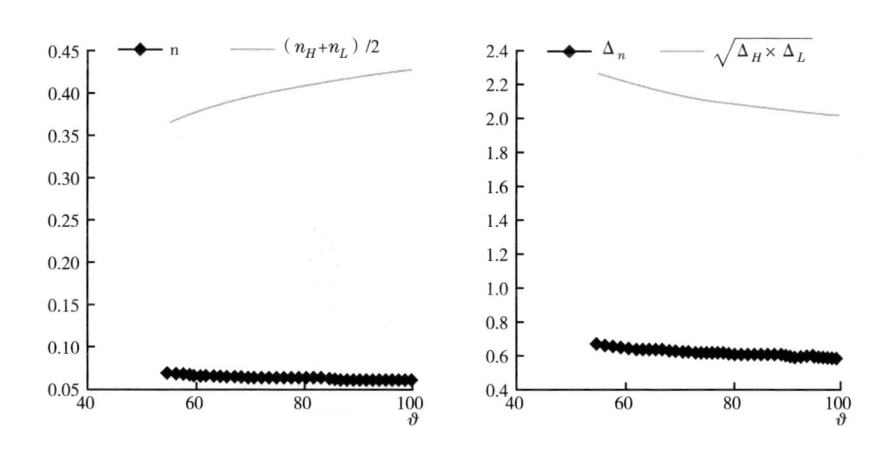

图 5-8 稳态解与周期解的比较

因此，本书得到如下命题：

命题 5.1：当经济不平等程度较大时，模型可能没有稳态解，只有周期解。经济不平等程度越大，经济波动越大，经济增长率越低。

第三节　小结

本章我们通过数值模拟的方式，检验了第四章的理论命题。数值模拟支持了第四章的理论推断：经济平等有助于培育大众市场，有助于经济稳定，有利于经济长期发展。进而我们比较了同一不平等程度下稳态解和周期解的经济平均增长率，发现稳定状态下经济平均增长率更高。

第六章 机制研究Ⅱ:"有限理性"下不平等与经济结构性失调

第一节 引言

西方经济学中用于解释经济周期的主流理论是真实经济周期理论。真实经济周期理论有两个核心假设。一是完全理性假设。即在一个动态的经济体系中,个体对未来各期的商品价格都有完全的预期或理性预期(rational expectation),或者,在任意时间节点上,个体对未来价格的预期等于价格本身,即 $p^e_{i,t+s|t} = p_{t+s}$,其中 p 表示价格,上标 e 表示预期,i 表示个体。如果经济系统具有不确定性,理性预期甚至要求个体对未来经济状态的概率分布都有准确的预期,即 $\text{Prob}[p^e_{i,t+s} | p_t] = \text{Prob}[p_{t+s} | p_t]$。这近乎是对个体全知全能的要求,同时也抹杀了人的个性。人成为抽象的"决策者",简化成为"效用最大化"这样一个抽象的数学概念。二是经济时时刻刻处于均衡状态。前一个假设默认个体的选择是最优的,后一个假设默认经济在结构上是自发平衡的。因此,危机主要来自外生的冲击,不平等几乎不会发生作用。①

马克思关于人的假设和西方经济学不尽一致。在马克思主义政治经济学的理论中,人是社会关系的总和,或者说,人是"社会人"。人生活在社会中,受到各种社会条件的制约。因此,人的思

---

① 其他的理论,比如新凯恩斯主义,基本上都吸收了这两个核心假设。

维、人的决策就必然反映他的社会条件和社会关系。一个处在社会底层的穷人和一个处于统治阶层的富人,他们面临的问题一样吗?他们看问题的角度一致吗?他们关心的对象相同吗?他们思考的能力相等吗?每个问题的回答显然都是否定的。人是很丰富的。人生而不同,经历不同,决策必然不同。不同的人形成不同的阶层。阶层之间相互作用,必然对整个经济系统产生不可忽视的影响。因此,马克思"社会人"的假设,必然要求超越西方经济学中理性人的假设,也必然要求重视经济结构的影响。

西方学术界也并不满意完全理性的假设。诺贝尔经济学奖得主西蒙在20世纪50~60年代就提出了"有限理性"的概念。有限理性认为个体不可能全知全能,决策中可能会犯一些错误,也可能会受到一些习惯或风俗的影响。[94]有限理性当然不等同于马克思的社会人假设,但也有一定的相似之处。比如,马克思主义政治经济学假设:无止境的追逐利润是资本家的天性。资本家逐利的动机最终会使贫富差距加剧,甚至导致经济系统的不稳定,引发大量工人失业。工人生产上的先进性和生活上的贫困化,最终可能引发革命,资本家培养了自己的掘墓人。这些假设和结论实际上就是资本家的有限理性。再比如,伊格力假设资本家在经济繁荣阶段积累,在经济萧条阶段消费。[69]这一简单的规则最终导致经济处于不断的波动之中。这一假设实际上也是资本家有限理性的体现。

本章将借助有限理性的概念,研究不平等对经济危机的影响,主要原因如下。(1)有限理性概念和马克思主义政治经济学的社会人概念有一定的相似之处。或者说,有限理性概念抓住了部分社会人假设的内涵。(2)有限理性概念在西方学术界中已经有比较深入的研究,运用它来描述个体的决策行为,相对容易一些。

本章的主要思路是,在马克思的社会扩大再生产模型中加入有限理性的因素,揭示资本主义私有制下不平等对生产结构和经济稳定的影响。不平等对经济结构的影响主要体现在三个方面:一是企业内部的结构，即不变资本和可变资本的比例，或者资本和劳动的比例；二是部门内部的结构，即不同企业之间的比例；三是社会的经济结构，即不同部门之间的比例。马克思认为，企业选择合适的投资行为，使整个社会恰好处于平衡状态的可能性微乎其微。本章用有限理性下的选择描述了马克思的这一理论预测（见图6-1）。

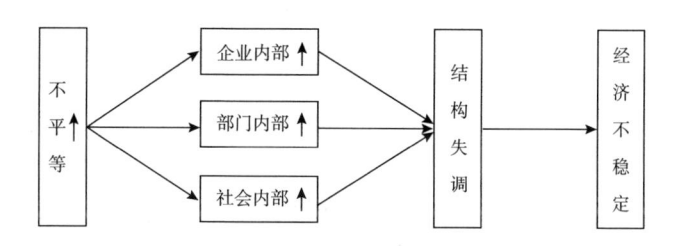

图6-1 不平等影响经济稳定的机制Ⅱ：经济结构

第二节 有限理性及其常见的数学表示方法

西方经济学里的"经济人"或"理性人"假设要求个体的偏好满足反身性、传递性和完备性。假设商品种类为 N，个体可支付的或可行的商品组合为 $x = [x_1, \cdots, x_N] \in \mathbb{R}_+^N$，可行商品组合的全体为 X。假设个体的偏好记为 $\geq$。反身性要求对任意 $x \in X$，有 $x \geq x$。传递性要求对任意 $x, y, z \in X$，如果 $x \geq y$，$y \geq z$，则必有 $x \geq z$。完备性要求对任意 $x, y \in X$，要么 $x \geq y$，要么 $y \geq z$。[95] 理性人的假设看似简单，实际上对人的能力要求非常高。反身性要求个体对商品及其组合的特点有确定的认知。传递性要求商品组合之间可以进行比较。完备性要求个体对全体商品组合都有充分的理解和明确的判断。个体必须有无限的认知能力，才能实现这三条要求，这是不可能的。特别是在处理随机性问题时，完全理性要求的苛刻性和模型的解释力之间存在明显的差别，不能让学术界满意。个体的认知能力是有限的，或者个体只具有有限理性（bounded rationality），这更符合现实。[94]①

如何来描述有限理性，学术界还没有形成共识。第一种常见的方法是假设个体的决策是随机的。假设个体有 n 个备选项，备选项对应的值为 $v_1,\cdots,v_n$，对应的效用为 $u_1,\cdots,u_n$。不失一般性，假设 $v_1 \geq \cdots v_n$。如果个体是完全理性的，个体一定会选择 1。如果个体是有限理性的，或者非理性的，他选择的结果可能是 n 个选项中的任意一个。如果假设个体选择的概率独立于选择的顺序，那么，选择 i 的概率为 $q_i = \exp\left(\dfrac{u_i}{\lambda}\right) \Big/ \sum_{j=1}^{n} \exp\left(\dfrac{\mu_j}{\lambda}\right)$，其中 λ 表示个体非理性的程度。如果 $\lambda = \infty$，则 $q_i = 1/n$，个体对 n 个选项无差异，表现出完全的非理性。[96]

第二种常见的方法是假设个体在计算最优选择时会犯错误。假设个体的最优选择是 y，个体的意愿选择（desired choice）是 x。② x 是一个随机变量，密度函数为 $g(x,y)$。假设选择的收益是 $p(\cdot)$，成本是 $c(\cdot)$，则个体的期望收益为 $E[p(x) - c(x) \mid y] = \int_{-\infty}^{\infty} [p(x) - c(x)] g(x,y) \mathrm{d}x$。个体的意愿选择是随机变量，因此，个体并不能保证得到最优结果。两者的偏离就是有限理性作用的结果。[96]

第三种常见的方法是假设个体采用适应性学习（adaptive learning）或统计学习（statistical learning）的方法进行决策。即个体通过观察市场的时间序列数据，利用简单的统计手段，比如最小二乘法，不断修正对市场的预期，调整选择策略。假设市场上有 J 个企业，企业之间进行垄断竞争。企业只能获得有限的市场信息，因

---

① 西方主流经济学里使用"动态随机一般均衡"（dynamic stochastic general equilibrium）和理性预期来描述个体的跨期行为选择。这些假设很难让非经济学家接受。实际生活中个体的行为可能受到过度自信、恐惧和同行压力的影响，接近于有限理性或行为经济学的假设。见法玛和佛利的研究。[97]

② 这个设定类似于马克思主义政治经济学中的价值和价格的区别。价值是长期的合理价格，价格只是短期的现象。个体最优选择是个体长期反复选择后的最好结果，个体的意愿选择是个体当期在多种因素下的临时决定。两者不必相等。

此，企业只能根据自己产品的定价 p_i、产出 q_i、需求 D_i 来决策。企业的短期供给为 $s_i = \min(q_i, D_i)$，短期利润为 $\pi_i = p_i s_i - c q_i$。假设个体采用爬山法（hill climbing method）来进行适应性学习，即如果当期利润超过上一期，企业会适当提高价格和产量；反之，会降低价格和产量。有限理性体现为企业不断根据过去的经验，产生新的行为模式。[98]

第四种常见的方法是借助参照系效应研究有限理性。如果个体的偏好满足完备性和传递性，他的偏好就是一个序关系。假设存在参考系集合 F，给定参照物 $f \in F$，个体 i 的偏好可记为 $\pm_f$。如果个体的序关系与参照物无关，即 $\forall f, g \in F; x, y \in X$，则 $x \pm_f y$，则 $x \pm_g y$，则称个体是弱理性（weak rationality）的。否则，个体就是有限理性的。[99]

总之，有限理性是学术界对西方经济学中完全理性假设的反思。有限理性假设对个体认知能力要求较低，比较符合实际，这是它的优点。但有限理性增加了数学处理的困难程度，使它很难推广，这是它的不足。运用有限理性概念，必须考虑具体的实际，选择合适的模型。

第三节 适应性学习下不平等对经济结构失调的影响

本节在马克思主义政治经济学经典的社会扩大再生产模型中，引入企业和个体的适应性学习行为，研究不平等对经济稳定性的影响。

一 单部类模型

我们先考虑一个简单的单部类模型。① 假设社会中只有一个资本

---

① 本章是对马克思单个企业社会扩大再生产模型的数学处理。这一部分内容已经是教材的标准内容，本书在此不再转注《资本论》的具体页码。

家（或者用一个具有代表性的资本家表示全体资本家），和一个工人（或者用一个具有代表性的工人表示全体工人）。在第 t 期初，资本家预付不变资本 c_t 购买机器或原材料，预付可变资本 v_t 雇用工人从事生产活动，总预付资本为 $C_t = c_t + v_t$。在第 t 期末，生产活动结束，产生 $Y_t = c_t + v_t + m_t$ 的价值，或者新增 m_t 的剩余价值。假设企业只能生产一种产品，这种产品既可以用于投资，也可以用于消费。投资无须任何成本。假设资本家将全部剩余价值用于个人消费，则他下一期的预付资本不变，$C_{t+1} = c_t + v_t$。这是一个简单再生产过程。简单再生产过程是一个不断重复的过程，不可能有经济波动和经济危机。

我们将模型稍微复杂化。假设资本家将剩余价值部分用于积累，部分用于消费。假设积累比例为 δ_t。假设资本家将部分投资用于不变资本，部分投资用于可变资本。假设投资于不变资本的比例为 γ_t。第 $t+1$ 期初，预付总资本变为

$$C_{t+1} = c_t + v_t + \delta_t m_t \tag{6-1}$$

不变资本为

$$c_{t+1} = c_t + \gamma_t \delta_t m_t \tag{6-2}$$

可变资本为

$$v_{t+1} = v_t + (1 - \gamma_t) \delta_t m_t \tag{6-3}$$

资本有机构成

$$\sigma_{t+1} = \frac{c_{t+1}}{v_{t+1}} \tag{6-4}$$

假设剩余价值率不变，即 $m_t = mv_t$，则第 $t+1$ 期末产出的总价值为 $Y_{t+1} = c_{t+1} + v_{t+1}(1 + m)$。简单计算可知，有机构成增长率为

$$g_{\sigma,t+1} = \frac{\sigma_{t+1} - \sigma_t}{\sigma_t} = \frac{\delta_t m [\gamma_t - (1 - \gamma_t)\sigma_t]}{\sigma_t [1 + \delta_t (1 - \gamma_t) m]} \tag{6-5}$$

从（6-5）式可知，当 $\frac{\gamma_t}{1-\gamma_t} > \sigma_t$ 时，$g_{\sigma,t+1} > 0$，资本有机构成提高。反之，资本有机构成不变或下降。这是一个很明显的结论。$\frac{\gamma_t}{1-\gamma_t}$ 是新增资本的有机构成，σ_t 是原有资本的有机构成。前者大于后者，必然导致资本有机构提高。

产出增长率为

$$g_{Y,t+1} = \frac{Y_{t+1} - Y_t}{Y_t} = \frac{\delta_t m[\gamma_t + (1+m)(1-\gamma_t)]}{\sigma_t + 1 + m} \qquad (6-6)$$

从（6-6）式可知，只要 $\delta_t > 0$，经济必然增长。这个结论也容易理解，因为投资或积累本身就是产出的一种形式。综合（6-5）式和（6-6）式，我们有如下命题。

命题6.1：在一个马克思单部类的模型中，令 δ_t 为剩余价值积累比例，γ_t 为资本积累中投资于不变资本的比例，m 为剩余价值率，σ_t 为资本有机构成。假设剩余价值能无摩擦地转化为资本，或用于消费，则：(1) 当 $\frac{\gamma_t}{1-\gamma_t} > \sigma_t$ 时，资本有机构成增加；(2) 当 $\delta_t > 0$ 时，产出增加；(3) $\frac{\partial g_{Y,t+1}}{\partial \sigma_t} < 0$；(4) $\frac{\partial g_{Y,t+1}}{\partial \gamma_t} < 0$；(5) 经济可能存在波动，但不会有经济危机。

命题6.1中第（3）部分很容易理解。资本有机构成很高，意味着不变资本相对丰富，资本产生的增量就会相对较少，经济增长就不会太明显。第（4）部分的结论有点反直觉。按照一般的看法，一国要促进经济增长，应该增加物质资本或者不变资本的积累，减少工资或可变资本的支出。①但命题6.1却指出，应该尽可能增加可变资本或工资的支出。这个结论看似奇怪，但是符合马克思主义政治经济学的本意。在马克思主义看来，活劳动是价值的唯一源泉。劳

---

① 在西方经济学里，这是索洛模型（Solow model）的直接结论。[89]

动是不是在任何条件下都能创造价值，或者机械地将这句话理解为，只要投入劳动，就能产生价值？显然不是。在简单的扩大再生产中，马克思假设投入一定量的不变资本、一定量的可变资本，就可生产剩余产品。这个过程暗含一个假设：工人能够熟练地和机器配合，或者工人能熟练地操纵机器。换句话说，正常条件下的生产劳动才能产生价值。正常条件下，可变资本越多越好。超过这个界限，结论就不再成立。①② 命题 6.1 第（5）部分的结论直接来自于假设：产出可以毫无摩擦地在个人消费和投资之间转换，必然不存在过剩问题；资本家如果随心所欲调整资本有机构成，必然导致经济波动。

注意到命题 6.1 的结论其实和资本家、工人的数量无关。只要经济中只存在一种产品，只要这种产品能够自由地在投资或消费之间转化，命题 6.1 的结论就是成立的。这是因为企业彼此之间没有需求，资本家作为企业产品的最终消费者和投资者，可以消化任意数量的产出。没有任何多余的产品，也就不会出现以生产过剩为特征的经济危机。

二 两部类模型

在本节，我们分析一个经典的两部类模型。假设经济系统中存在两个部门：生产资料部门（Ⅰ）和消费资料部门（Ⅱ）。假设在

---

① 马克思在《资本论》第三卷第三十七章第717页写道："为了满足社会需要，只有这样多的劳动时间才是必要的。"[3] 这句话指出劳动创造价值的条件，即商品必须被社会"需要"，然后才具有实用价值和价值。超过社会正常需要的产品都是无用的，在这些产品上付出的劳动没有任何价值。一定程度上，马克思的这句话也告诉我们，将简单情形下分析的结论外推到社会整体中时，必须十分谨慎。稍微粗心大意，就可能犯错误。
② 此处容易产生困惑的一个原因是，本书或马克思《资本论》的简单再生产模型中，用单个企业的再生产来说明剩余价值的产生过程，会给人一种印象，似乎增加可变资本是资本家获取剩余价值或利润的最简单的方式：在剩余价值率不变的前提下，只要增加可变资本，就能增加剩余价值。将这个想法外推到全社会，似乎全体资本家都应该雇用更多的劳动者，支付更高的工资。这种做法看似有利于资本家自己，也有利于全社会，实际上却行不通。一是剩余价值率并不是一成不变的。二是当其他资本家都采用这种方式时，任何一个资本家都有动机购买更多机器，提高劳动生产率，获得超额剩余价值。

第 t 期，生产资料部门的预付不变资本为 $c_{I,t}$，可变资本为 $v_{I,t}$，消费资料部门预付的不变资本为 $c_{II,t}$，可变资本为 $v_{II,t}$。在第 t 期末，生产资料部门产生的剩余价值为 $m_{I,t}$，消费资料部门产生的剩余价值为 $m_{II,t}$。假设资本家完全消费劳动者创造的剩余价值。假设（A）：消费资料部门在生产过程中完全消耗它的不变资本，将其价值转移到它的产品当中。[①] 我们假设两部门在期末进行商品交换。为了维持社会的简单再生产，生产资料部门需要将 $v_{I,t} + m_{I,t}$ 的生产资料交换成消费资料，消费资料部门需要将 $c_{II,t}$ 的消费资料交换成生产资料，因此，必须有 $v_{I,t} + m_{I,t} = c_{II,t}$。

我们再来分析社会扩大再生产的情形。假设两个部门剩余价值率都为 m。假设生产资料部门将 $\delta_{I,t}$ 比例的剩余价值用于再生产，消费资料部门将 $\delta_{II,t}$ 比例的剩余价值用于再生产。假设生产资料部门将新增资本投资于不变资本的比例为 $\gamma_{I,t}$，消费资料部门为 $\gamma_{II,t}$。类似于前面的分析，生产资料部门对消费资料的需求为 $v_{I,t} + (1 - \delta_{I,t})mv_{I,t}$，消费资料部门对生产资料的需求为 $c_{II,t} + \delta_{II,t}\gamma_{II,t}mv_{II,t}$。为了保证社会正常运转，在第 t 期，必须满足

$$v_{I,t} + (1 - \delta_{I,t})mv_{I,t} = c_{II,t} + \delta_{II,t}\gamma_{II,t}mv_{II,t} \qquad (6-7)$$

在第 $t+1$ 期，生产资料部门的不变资本为 $c_{I,t+1} = c_{I,t} + \delta_{I,t}\gamma_{I,t}mv_{I,t}$，可变资本为 $v_{I,t+1} = v_{I,t} + \delta_{I,t}(1 - \gamma_{I,t})mv_{I,t}$，消费资料部门的不变资本为 $c_{II,t+1} = c_{II,t} + \delta_{II,t}\gamma_{II,t}mv_{II,t}$，可变资本为 $v_{II,t+1} = v_{II,t} + \delta_{II,t}(1 - \gamma_{II,t})mv_{II,t}$。分析可得，在第 $t+1$ 期，消费资料部门的生产资料需求为

$$c_{II,t} + \delta_{II,t}\gamma_{II,t}mv_{II,t} + \delta_{II,t+1}\gamma_{II,t+1}m[v_{II,t} + \delta_{II,t}(1 - \gamma_{II,t})mv_{II,t}] \qquad (6-8)$$

生产资料部门的消费资料需求为

[①] 假设（A）是一个潜在的条件。在第二章第二节，本书也介绍了马克思经典的两部类模型。为了维持社会正常运转，马克思要求 $v_{I,t} + m_{I,t} = c_{II,t}$。这个条件实际上需要假设（A）。

$$[1 + (1 - \delta_{\mathrm{I},t+1})m][1 + \delta_{\mathrm{I},t}(1 - \gamma_{\mathrm{I},t})m]v_{\mathrm{I},t} \quad (6-9)$$

从（6-7）式、（6-8）式和（6-9）式可知，社会正常运转的条件极为苛刻，它不仅要求两个部门的比例大致相当，也要求两个部门的投资决策能够互相匹配。随着时间 t 增加，各个部门不变资本、可变资本的规模和比例的影响因素越来越多，两个部门之间需求保持平衡的难度也会越来越大。这是马克思在《资本论》中不相信自由放任的市场经济会自发平衡的原因。

借鉴小野崎的研究，[98]我们用适应性学习来反映自由放任市场经济的脆弱性。为简化分析，我们假设两部门的投资比例为常数，即 $\delta_{\mathrm{I},t} = \delta_{\mathrm{I}}$，$\delta_{\mathrm{II},t} = \delta_{\mathrm{II}}$。资本家主要决定新增资本投资于不变资本的比例 $\gamma_{\mathrm{I},t}$，$\gamma_{\mathrm{II},t}$。假设资本家用爬山法来修正投资比例。令 $DS_{\mathrm{I},t} = \dfrac{c_{\mathrm{II},t} + \delta_{\mathrm{II},t}\gamma_{\mathrm{II},t}mv_{\mathrm{II},t} - [v_{\mathrm{I},t} + (1 - \delta_{\mathrm{I},t})mv_{\mathrm{I},t}]}{v_{\mathrm{I},t} + (1 - \delta_{\mathrm{I},t})mv_{\mathrm{I},t}}$，则生产资料部门资本家的行为模式可描述为

$$\gamma_{\mathrm{I},t+1} = \min\{\max\{\gamma_{\mathrm{I},t} - \rho_{\mathrm{I}} DS_{\mathrm{I},t}, 0\}, 1\} \quad (6-10)$$

$\gamma_{\mathrm{I},t+1}$ 的限制条件是 $\gamma_{\mathrm{I},t+1} \in [0,1]$。（6-10）式的含义是：如果消费资料部门对生产资料部门的需求超过生产资料部门对消费资料部门的需求，那么，生产资料部门新增资本将更加倾向于可变资本。这样做有两个方面的好处。一是增加本部门的需求，有利于经济系统的稳定。经济系统稳定不是生产资料部门的直接利益诉求，生产资料部门也无意于维护经济体系的稳定性。但是维持经济体系的稳定性，有利于培育消费资料部门对生产资料部门的长期需求，这是一个长期的好处。二是增加可变资本的投资，有利于获得更多的剩余价值，提高资本的利润率。令 $DS_{\mathrm{II},t} = \dfrac{[v_{\mathrm{I},t} + (1 - \delta_{\mathrm{I},t})mv_{\mathrm{I},t}] - [c_{\mathrm{II},t} + \delta_{\mathrm{II},t}\gamma_{\mathrm{II},t}mv_{\mathrm{II},t}]}{c_{\mathrm{II},t} + \delta_{\mathrm{II},t}\gamma_{\mathrm{II},t}mv_{\mathrm{II},t}}$，则消费资料部门资本家的行为可描述为

$$\gamma_{\mathrm{II},t+1} = \begin{cases} \gamma_{\mathrm{II},t}, & DS_{\mathrm{II},t} > 0 \\ \max\{\gamma_{\mathrm{II},t} + \rho_{\mathrm{II}} DS_{\mathrm{II},t}, 0\}, & DS_{\mathrm{II},t} \leq 0 \end{cases} \quad (6-11)$$

$\gamma_{\mathrm{II},t+1}$ 的限制条件是 $\gamma_{\mathrm{II},t+1} \in [0,1]$。(6-11) 式的含义和 (6-10) 式类似：如果生产资料部门对消费资料部门的需求超过消费资料部门对生产资料部门的需求，那么，消费资料部门不会增加不变资本的比例，因为这样会降低利润率；消费资料部门不会减少不变资本的比例，因为消费资料部门不变资本的需求能够得到满足。如果生产资料部门对消费资料部门的需求低于消费资料部门对生产资料部门的需求，那么，消费资料部门会减少新增资本中不变资本的比例，这样做能够获得更多的剩余价值，又能维持经济平衡，一举两得。

(6-10) 式和 (6-11) 式中的参数 ρ_{I} 和 ρ_{II} 反映的是资本家群体的有限理性程度。$\rho_{\mathrm{I}} = \rho_{\mathrm{II}} = 0$，表示资本家完全不调整新增资本的投资比例。$\rho_{\mathrm{I}} = +\infty, \rho_{\mathrm{II}} = +\infty$，表示资本家能够及时调整投资比例。

从 (6-10) 式和 (6-11) 式可知，经济将更加难以处于平衡状态。经济即使在当前处于平衡状态，未来也不一定能保持平衡状态。部门之间的不平等（$C_{\mathrm{I},t} \neq C_{\mathrm{II},t}$）、部门内部的不平等（$\sigma_{\mathrm{I},t} \neq 1$，$\sigma_{\mathrm{II},t} \neq 1$）都会影响经济的稳定。

第四节　随机选择下不平等对经济结构性失调的影响

本节借助随机选择模型研究不平等对经济危机的影响。[96]假设经济系统中有 J 个厂商，$j = 1, \cdots, J$。它们的产能分别为 $\bar{K}_1, \cdots, \bar{K}_J$。企业家知道市场上存在不同的企业，但并不知道其他企业的类型。即企业家拥有有限的信息（limited information），不完全掌握其他企业的经营状况。令企业的产量为 $Q_{j,t} = \theta_{j,t} \bar{K}_j$，其中 $\theta_{j,t}$ 为企业的产能利用率。为简化计算，假设企业有三种可能的运营状态：轻负荷生产（θ_L）、正常生产和超负荷生产（θ_H），即 $\theta_L < 1 < \theta_H$。

社会总产出为 $Q_t = \sum_{j=1}^{J} Q_{j,t}$。上一期的社会总产出为公共信息，企业可以通过国家统计局等类似的官方机构获取该信息。企业根据上一期的平均产出（$\bar{Q}_t = \sum_{j=1}^{J} Q_{j,t}/J$）和它自身的产能（$\bar{K}_j$）来判断企业在社会中所处的位置。令 $s_{j,t} = Q_{j,t-1}/\bar{K}_j$，$s_{j,t}$ 表示上一期平均产出和企业产能之间的相对差距。如果 $s_{j,t} > 1$，表示企业规模相对平均水平可能偏低，或者企业没有完全利用产能。如果 $s_{j,t} < 1$，则表示企业规模相对平均水平可能偏大，或者企业已经充分利用产能。

企业生产的固定成本为 $F\bar{K}_j$，可变成本为 $aQ_{j,t} + bQ_{j,t}^2$，其中 F、a、b 为大于零的系数。固定成本与企业产能相关，这是因为一旦企业厂房、生产设备、管理服务人员等确定，一些开支比如房屋租金、银行贷款利息、行政费用等相对固定，与企业是否正常开工无关。可变成本与产出有关，这一点显而易见，因为原材料、工人工资等和生产过程有关。企业总的生产成本为 $C(Q_{j,t}) = F\bar{K}_j + aQ_{j,t} + bQ_{j,t}^2$。

企业选择运行状态（$\theta_{j,t}$）与企业对自身在行业中相对位置的判断（$s_{j,t}$）、生产成本 $[C(Q_{j,t})]$ 有关。如果 $s_{j,t} > \theta_H$，企业会倾向于扩张产能，并认为能顺利销售它的全部产品。如果这样做，企业的利润为

$$\pi_{j,t}^H(s_{j,t} > \theta_H) = \theta_H \bar{K}_j - F\bar{K}_j - a\theta_H \bar{K}_j - b\theta_H^2 \bar{K}_j^2 \tag{6-12}$$

如果正常运行，企业的利润为

$$\pi_{j,t}^1(s_{j,t} > \theta_H) = \bar{K}_j - F\bar{K}_j - a\bar{K}_j - b\bar{K}_j^2 \tag{6-13}$$

如果轻负荷运行，企业的利润为

$$\pi_{j,t}^L(s_{j,t} > \theta_H) = \theta_L \bar{K}_j - F\bar{K}_j - a\theta_L \bar{K}_j - b\theta_L^2 \bar{K}_j^2 \tag{6-14}$$

企业最终会选择哪种运行方式，取决于不同方式下企业的利润规模。即

$$\pi_{j,t}(s_{j,t} > \theta_H) = \max\{\pi_{L,t}^L(s_{j,t} > \theta_H), \pi_{1,t}^L(s_{j,t} > \theta_H), \pi_{H,t}^L(s_{j,t} > \theta_H)\}$$

$$\tag{6-15}$$

(6-15) 式有点类似于计量经济学中的多元离散选择模型。企业最终表现出来的行为是一个确定值、离散值,但企业决策过程由一些连续的变量决定。

当 $1 < s_{j,t} < \theta_H$ 时,企业如果扩张产能,并不一定能保证产品都销售出去。对于超额生产的产品,企业认为销售出去的概率为 $\exp(s_{j,t} - \theta_H)$。因此,企业的期望利润为

$$\pi_{j,t}^H(1 < s_{j,t} < \theta_H) = [s_{j,t} + (\theta_H - s_{j,t})\exp(s_{j,t} - \theta_H)]\bar{K}_j - F\bar{K}_j - a\theta_H\bar{K}_j - b\theta_H^2\bar{K}_j^2$$

(6-16)

企业如果正常运行,或者轻负荷生产,期望利润分别和 (6-13) 式、(6-14) 式一致。企业最终的行为选择和 (6-15) 式类似。

当 $\theta_L < s_{j,t} < 1$ 时,企业如果选择 $\theta_{j,t} = \theta_H$,企业的利润与 (6-16) 式类似。如果企业选择 $\theta_{j,t} = 1$,超额生产的部分销售出去的概率为 $\exp(s_{j,t} - 1)$,企业的期望利润为

$$\pi_{j,t}^H(1 < s_{j,t} < \theta_H) = [s_{j,t} + (1 - s_{j,t})\exp(s_{j,t} - 1)]\bar{K}_j - F\bar{K}_j - a\bar{K}_j - b\bar{K}_j^2$$

(6-17)

如果企业选择 $\theta_{j,t} = \theta_L$,企业的利润与 (6-14) 式类似。企业最终的决策行为与 (6-16) 式类似。

当 $s_{j,t} < \theta_L$ 时,企业如果选择 $\theta_{j,t} = \theta_H$ 或者 $\theta_{j,t} = 1$,期望利润与 (6-15) 式或者 (6-17) 式类似。如果企业选择 $\theta_{j,t} = \theta_L$,企业的期望利润为

$$\pi_{j,t}^H(s_{j,t} < \theta_L) = [s_{j,t} + (\theta_L - s_{j,t})\exp(s_{j,t} - \theta_L)]\bar{K}_j - F\bar{K}_j - a\theta_L\bar{K}_j - b\theta_L^2\bar{K}_j^2$$

(6-18)

企业的生产决策行为与 (6-15) 式类似。

从上面的分析可以看出,企业的行为受到企业规模分布的影响。在 $\bar{K}_{j,t} \neq \bar{K}_{i,t}, i \neq j, i,j \in \{1,\cdots,J\}$ 的情况下,即使 $Q_{j,t-1} = \bar{K}_j$,

最终也必然会出现 $s_{j,t} \neq 1$。这会刺激部分企业超负荷生产，或者轻负荷生产，造成经济的波动和不平衡。如果企业规模相对平等，经济处于平衡状态的可能性会大为增加。

第五节 小结

本章借助有限理性模型，研究了不平等对经济稳定性和经济平衡的影响。本章考虑了两种可能的有限理性模式：一是适应性学习，其核心假设是市场主体会根据历史信息修正行为方式；二是随机选择，其核心假设是市场主体不能完全区分各种可能性的结果，在一定程度上会随机选择各种行为方式。

本章用适应性学习来处理马克思经典的单部类和两部类模型。在单部类模型中，我们假设企业可以将产品在消费和投资之间自由处置。不平等主要体现在不变资本和可变资本的比例上面。不平等不会影响经济的平衡，但会影响经济的稳定性。在两部类模型中，我们假设消费资料部门和生产资料部门彼此需要对方的产品。部门内部不变资本和可变资本的不平等、部门之间总资本的不平等、部门内部和部门之间积累比例的不平等，都会影响经济的稳定和平衡。

本章用随机选择来处理多企业或多部类的模型。经济中存在多个企业，企业有轻负荷生产、正常生产和超负荷生产三种运营状态。企业不完全了解整个社会的供需状态，只能根据平均产出水平和自己的产能来决定运营状态。当平均产出大于自己的产能时，企业有动机超负荷生产。反之，有动机轻负荷生产。当企业规模相对接近时，企业有可能选择正常生产。当企业规模相差较大时，部分企业有可能选择超负荷生产，部分企业有可能选择轻负荷生产。

第七章 数值模拟Ⅱ：直观展示不平等对经济危机的影响

在第六章中，我们研究了适应性学习下单部类模型、两部类模型和随机选择下多部类模型的演化情况。我们发现，不平等会影响经济的稳定和平衡。但遗憾的是，第六章的很多结论没有显示解，不太容易理解。鉴于此，本章借助数值模拟的方式，对不平等的影响进行更为直观的展示。

第一节 适应性学习下不平等对经济危机的影响程度

一 单部类模型

我们首先研究资本有机构成的变化情况。根据第六章第三节的设定，我们有

$$\sigma_{t+1} = \frac{\sigma_t + \delta_t \gamma_t m}{1 + \delta_t (1 - \gamma_t) m} \qquad (7-1)$$

从（7-1）式可知，$\frac{\partial \sigma_{t+1}}{\partial \sigma_t} > 0$，即当期的资本有机构成是上一期资本有机构成的增函数。这个很容易理解，上一期的资本有机构成越高，本期调整起来难度就越大。

图7-1很好地反映了这一结论。假设资本家将全部剩余价值的50%用于再生产，假设剩余价值率为100%，初始资本有机构成为

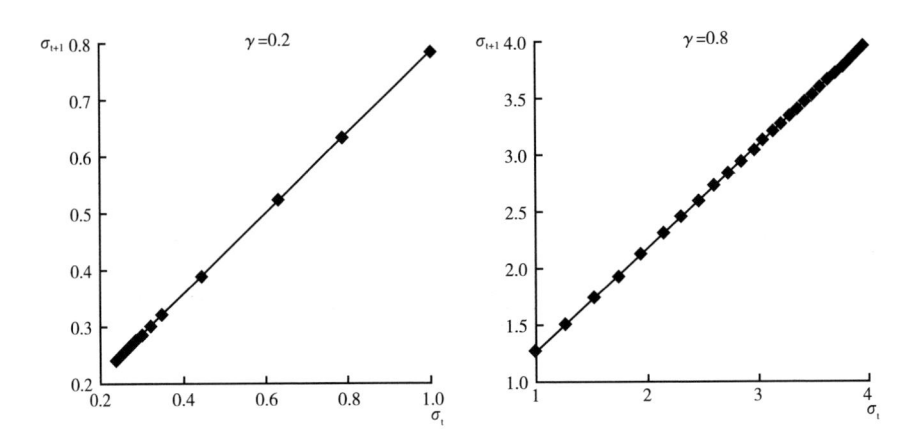

图 7-1 单部类模型：资本有机构成的历史依赖

1，即 $\delta = 0.5$，$m = 1$，$\sigma_0 = 1$。无论是新增资本更倾向于不变资本（$\gamma = 0.8$），还是新增资本更倾向于可变资本（$\gamma = 0.2$），当期的资本有机构成与上一期呈现明显的正相关关系。

第六章的（6-5）式显示，资本有机构成是否会增加，与新增资本的投入倾向有关系：如果新增资本更多投入到不变资本当中（即 $\gamma > 0.5$），资本有机构成会提高；如果新增资本更多投入到可变资本当中（即 $\gamma < 0.5$），资本有机构成会下降。图7-2的模拟证实了这一结论。

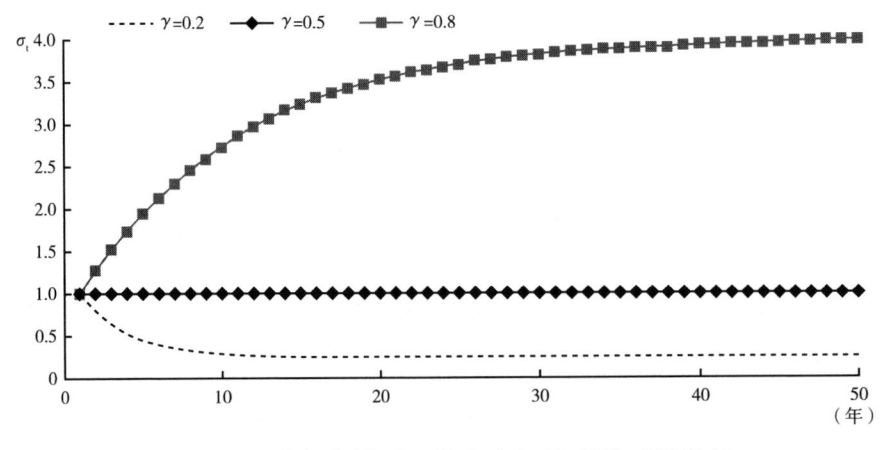

图 7-2 单部类模型：资本有机构成的时间路径

资本有机构成与新增资本的投资倾向有关。随后所产生的问题是,这种影响程度有多大? 比如, $\gamma = 0.2$, 资本有机构成增长速度是上升, 还是不变, 还是逐渐下降? 答案是影响程度越来越小。假设 $\gamma = 0.2$, 即新增资本更加偏向可变资本, 那么, 新增资本会稀释原有的资本有机构成。随着资本有机构成的下降, 这种稀释能力也是逐渐下降的, 最终资本有机构成会收敛到一个极限, 即 $\lim_{t \to \infty} \sigma_t = \frac{\gamma}{1-\gamma}$。这个结论对 $\gamma_t > 0.5$ 也成立。这意味着, 新增资本有机构成对资本有机构成的影响, 无论是正向的, 还是负向的, 影响程度都会逐渐下降。图7-3反映了这个收敛过程。

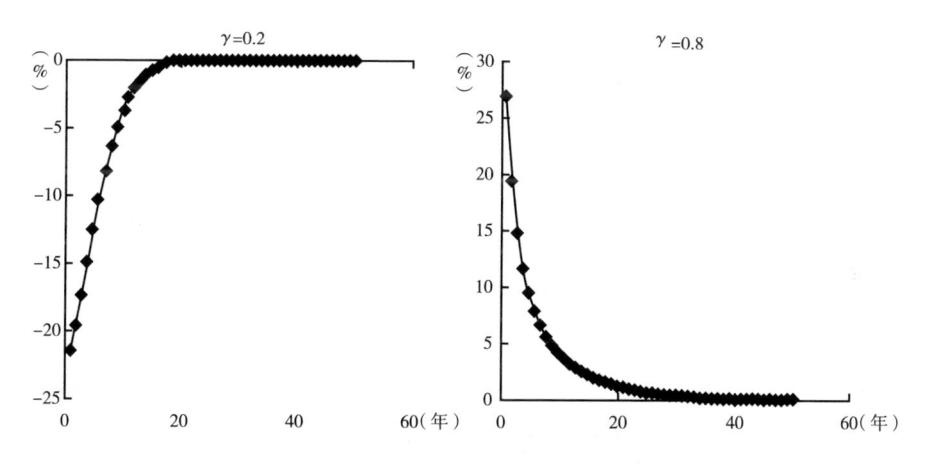

图7-3 单部类模型: 资本有机构成增长率

图7-4反映了新增资本有机构成 $\gamma_t/(1-\gamma_t)$ 对经济增长率 $g_{Y,t+1}$ 影响的时间趋势。从图中可知经济增长率会趋于稳定。这是因为在 $\gamma_t = \gamma$ 的情况下, 随着时间的流逝, 资本有机构成会趋于稳定, 即 $\sigma_\infty = \frac{\gamma}{1-\gamma}$。由(6-6)式可知, 经济的增长率与资本有机构成成反比, 因此, 经济增长率最终也会收敛到一个特定值。当 γ 较小时, 经济增长率较高; 当 γ 较大时, 经济增长率较低。

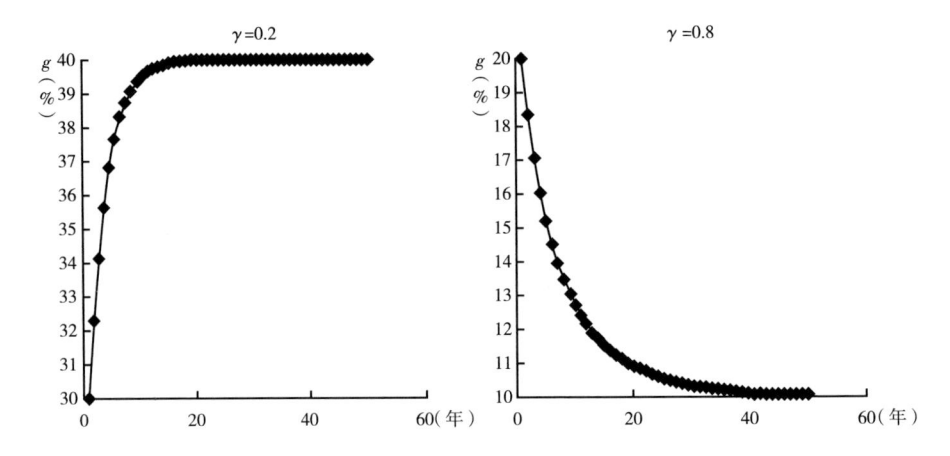

图 7-4 单部类模型：新增资本有机构成对经济增长率影响的时间趋势

二 两部类模型

在第六章第三节中描述了经典的马克思两部类模型。我们指出，在两部类模型中，经济处于平衡状态是偶然，不平衡状态是必然。这种不平衡状态与部门之间的不平等、部门内部的不平等有一定的关系。下面用数值模拟的方式展示不平等与不平衡之间的关系。

我们首先研究两个部门资本规模和资本结构的变化情况。为简化分析，我们假设两个部门的剩余价值投资比例固定，分别为 δ_I 和 δ_{II}；新增资本的分配比例也固定，分别为 γ_I 和 γ_{II}。假设剩余价值率为 m，第 t 期的预付资本分别为 $C_{I,t}$ 和 $C_{II,t}$，资本有机构成分别为 $\sigma_{I,t}$ 和 $\sigma_{II,t}$。我们假设先不考虑两个部门之间的需求平衡问题。第 $t+1$ 期，生产资料部门的预付总资本为

$$C_{I,t+1} = C_{I,t}[1 + \delta_I m/(1 + \sigma_{I,t})] \quad (7-2)$$

不变资本为

$$c_{I,t+1} = C_{I,t}(\sigma_{I,t} + \delta_I \gamma_I m)/(1 + \sigma_{I,t}) \quad (7-3)$$

可变资本为

$$v_{\mathrm{I},t+1} = C_{\mathrm{I},t}[1 + \delta_{\mathrm{I}}(1 - \gamma_{\mathrm{I}})m]/(1 + \sigma_{\mathrm{I},t}) \quad (7-4)$$

资本有机构成为

$$\sigma_{\mathrm{I},t+1} = (\sigma_{\mathrm{I},t} + \delta_{\mathrm{I}}\gamma_{\mathrm{I}}m)/[1 + \delta_{\mathrm{I}}(1 - \gamma_{\mathrm{I}})m] \quad (7-5)$$

第 $t+1$ 期,消费资料部门的预付总资本为

$$C_{\mathrm{II},t+1} = C_{\mathrm{II},t}[1 + \delta_{\mathrm{II}}m/(1 + \sigma_{\mathrm{II},t})] \quad (7-6)$$

不变资本为

$$c_{\mathrm{II},t+1} = C_{\mathrm{II},t}(\sigma_{\mathrm{II},t} + \delta_{\mathrm{II}}\gamma_{\mathrm{II}}m)/(1 + \sigma_{\mathrm{II},t}) \quad (7-7)$$

可变资本为

$$v_{\mathrm{II},t+1} = C_{\mathrm{II},t}[1 + \delta_{\mathrm{II}}(1 - \gamma_{\mathrm{II}})m]/(1 + \sigma_{\mathrm{II},t}) \quad (7-8)$$

资本有机构成为

$$\sigma_{\mathrm{II},t+1} = (\sigma_{\mathrm{II},t} + \delta_{\mathrm{II}}\gamma_{\mathrm{II}}m)/[1 + \delta_{\mathrm{II}}(1 - \gamma_{\mathrm{II}})m] \quad (7-9)$$

类似于小野崎的研究,[98] 我们先假设资本家完全非理性或者资本家是一个"幼稚决策者",即资本家不从历史经验中学习任何知识,只会采取固定的策略。我们在不同的场景下分析两个部门资本及其结构的变化情况。首先我们分析第一种场景,也就是部门之间不平等的影响。假设两个部门除了初始预付总资本不同外,其他都相同,即 $\sigma_{\mathrm{I},0} = \sigma_{\mathrm{II},0}$,$\delta_{\mathrm{I}} = \delta_{\mathrm{II}}$,$\gamma_{\mathrm{I}} = \gamma_{\mathrm{II}}$,$C_{\mathrm{I},0} > C_{\mathrm{II},0}$。令 $S_{C,t} = C_{\mathrm{I},t}/C_{\mathrm{II},t}$,$S_{\sigma,t} = \sigma_{\mathrm{I},t}/\sigma_{\mathrm{II},t}$。我们可得到命题 7.1。

命题 7.1:假设两个部门除了初始预付总资本不同外,其他都相同,即 $\sigma_{\mathrm{I},0} = \sigma_{\mathrm{II},0}$,$\delta_{\mathrm{I}} = \delta_{\mathrm{II}}$,$\gamma_{\mathrm{I}} = \gamma_{\mathrm{II}}$,$C_{\mathrm{I},0} > C_{\mathrm{II},0}$,那么,两部门资本总量之比不变,资本有机构成之比不变,即 $S_{C,t} = S_{C,0}$ 和 $S_{\sigma,t} = S_{\sigma,0}$。

证明:见附录 D。

命题 7.1 告诉我们,如果两部门初始资本不平等,即使两部门

后续的决策完全一致,两部门之间的不平等也可能不断延续,经济系统可能永远处在不平衡的状态。

我们再来分析第二种场景。假设两个部门除了初始资本有机构成不同外,其他都相等,即 $\sigma_I \neq \sigma_{II}$,$C_{I,0} = C_{II,0}$,$\delta_I = \delta_{II}$,$\gamma_I = \gamma_{II}$。在前面,我们已经证明各部门的资本有机构成最终会收敛到 $\frac{\gamma_i}{1-\gamma_i}$,$i = I, II$。因此,在此场景下,我们有 $\lim_{t \to \infty} S_{\sigma,t} = 1$。当 $\lim_{t \to \infty} S_{\sigma,t} = 1$ 时,由(7-2)式和(7-6)式可知,$\lim_{t \to \infty} S_{C,t}$ 为常数。

命题 7.2:假设两个部门除了初始资本有机构成不同之外,其他都相等,即 $\sigma_I \neq \sigma_{II}$,$C_{I,0} = C_{II,0}$,$\delta_I = \delta_{II}$,$\gamma_I = \gamma_{II}$,那么,两部门资本有机构成之比等于 1,资本总量之比会收敛到一个常数,即 $\lim_{t \to \infty} S_{\sigma,t} = 1$,$\lim_{t \to \infty} S_{C,t} = S_C$。

图 7-5 描述了在仅初始资本有机构成不同的情况下,两部门资本总量之比和资本有机构成之比的演化情况。其中,$\gamma_I = \gamma_{II} = 0.2$,$\delta = 0.5$,$m = 1$,$\sigma_{I,0} = 1.4$,$\sigma_{II,0} = 0.3$,$C_{I,0} = C_{II,0} = 1$。

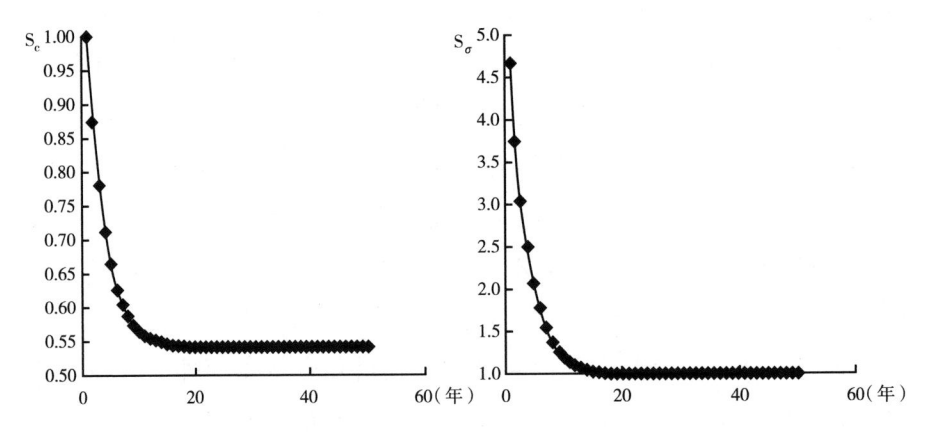

图 7-5 两部类模型:仅初始资本有机构成不同

图 7-6 给出了不同的初始资本有机构成下最终的两部门资本总量之比。$\gamma_I = \gamma_{II} = 0.2$,$\delta = 0.5$,$m = 1$,$C_{I,0} = C_{II,0} = 1$。初始的资

本有机构成为 $\sigma_0 = [0.2:0.2:20]$。① 在第 500 期,计算不同资本结构下的两部门资本比例,即 $S_{C,500} = C(\sigma,500)/C(10,500)$。② 可以发现,在不同的初始资本有机构成下,部门最终的预付资本规模呈现非线性变化:有机构成越低,部门的最终规模越大;反之,越小。背后的原理非常简单:劳动是创造剩余价值的唯一源泉。初始可变资本越多,产生的剩余价值越多。在同等条件下,积累越快。即使只有初始资本有机构成的差异,经济各部门最终在预付资本总额或经济规模上也会出现很大的差异,经济几乎不可能处于平衡状态。

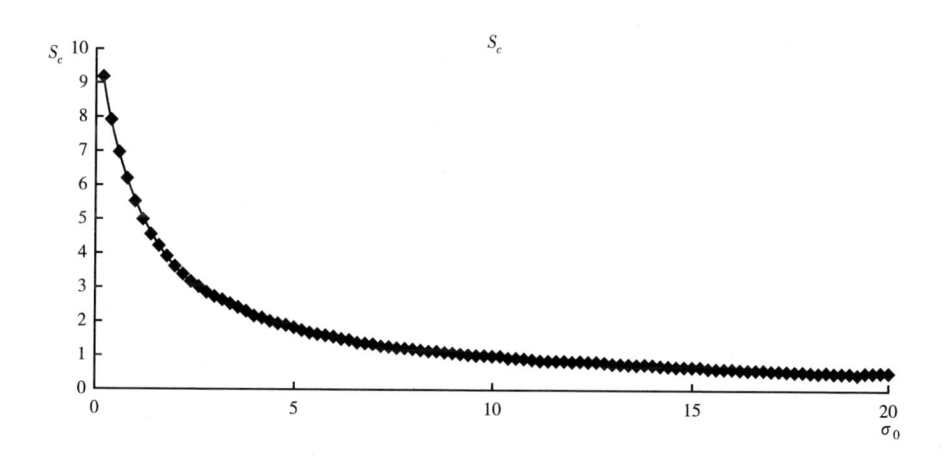

图 7-6　两部类模型:不同的初始资本有机构成

我们再来分析第三种场景。我们假设两部门除了投资比例不同外,其他条件都相同。即 $C_{I,0} = C_{II,0}$,$\sigma_I = \sigma_{II}$,$\gamma_I = \gamma_{II}$,$\delta_I \neq \delta_I$。在新增资本投资比例相等的情况下,两个部门的资本有机构成最终会相等,即 $\lim_{t \to \infty} \sigma_{I,t} = \lim_{t \to \infty} \sigma_{II,t} = \frac{\gamma}{1-\gamma}$。如果 $\delta_I < \delta_{II}$,在 $\gamma_I = \gamma_{II}$ 的

---

① 即有 100 个可能的初始资本有机构成值,最小值为 0.2,最大值为 20,相邻结构之间的间距为 0.2。

② $C(\sigma,500)$ 的含义是在第 500 期不同初始资本有机构成下的预付资本总值,$C(10,500)$ 表示第 500 期初始资本有机构成等于 10 的部门的预付资本总值。

条件下，生产资料部门积累的资本较少，积累的可变资本较少，这不利于它未来的资本积累。最终，生产资料部门会相对萎缩。图 7-7 反映了这个过程。其中，$\delta_I = 0.4$，$\delta_{II} = 0.6$，$\gamma = 0.4$，$m = 1$，$\sigma_0 = 1.5$，$C_0 = 1$。

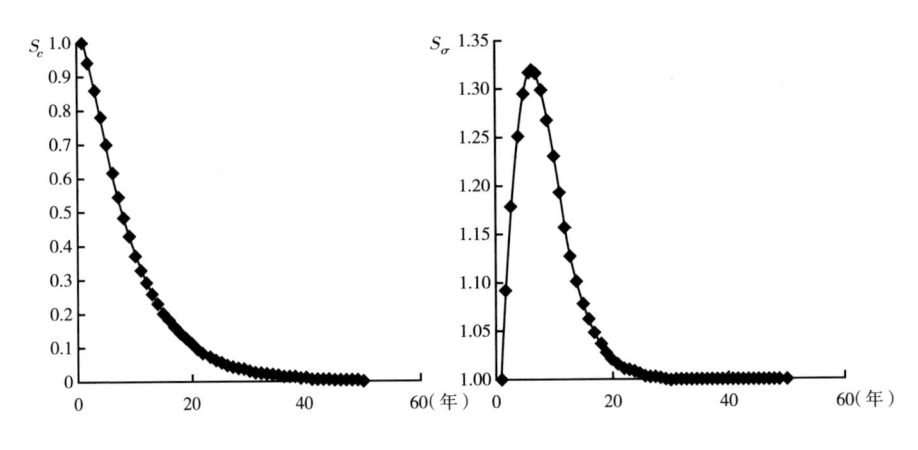

图 7-7 两部类模型：不同的投资比例 I

命题 7.3：假设两部门除了投资比例不同之外，其他条件都相同，即 $C_{I,0} = C_{II,0}$，$\sigma_I = \sigma_{II}$，$\gamma_I = \gamma_{II}$，$\delta_I \neq \delta_{II}$。最终，两部门的资本有机构成会相等，投资比例低的部门会相对萎缩。

图 7-8 反映了在不同的投资比例下两部门的相对规模。我们假设 $\delta = [0.01:0.98/99:0.99]$，即 δ 最小值为 0.01，最大值为 0.99，间距为 0.98/99。其他假设和图 7-7 相同。在 100 期后，计算不同部门的比例，即 $S_{C,t} = C(\delta,t)/C(0.49,t)$。为方便观察，我们只截取了 $\delta \in (0.4, 0.6)$ 之间的 $S_{C,t}$ 的值。可以发现，随着 δ 的增加，$S_{C,t}$ 会加速上涨。

我们最后来分析第四种场景。如图 7-9 所示，假设除了新增资本的投资比例不同外，两部门的其他条件相同。即 $C_{I,0} = C_{II,0}$，$\delta_I = \delta_{II}$，$\sigma_{I,0} = \sigma_{II,0}$，$\gamma_I \neq \gamma_{II}$。和上面的分析类似，两部门的资本有机构成会趋向稳定。新增资本倾向于不变资本的部门，更多的剩余价值

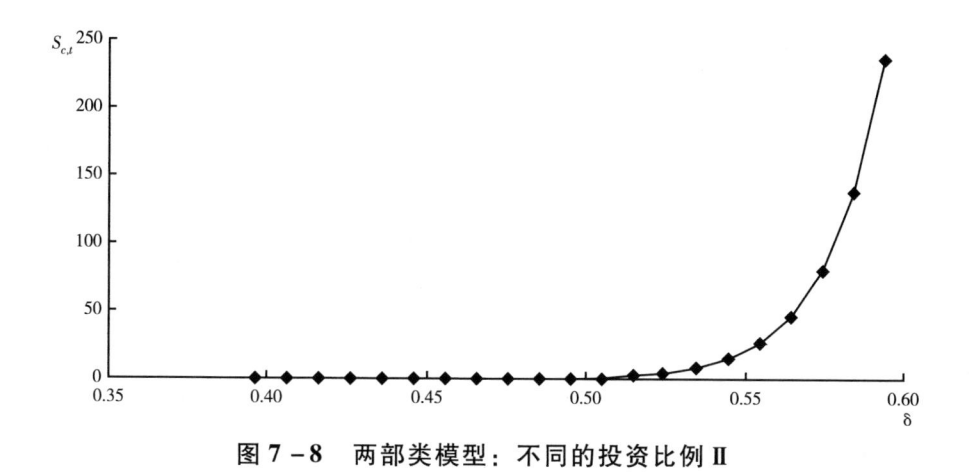

图 7-8　两部类模型：不同的投资比例 Ⅱ

会相对变少。在积累比例相同的情况下，预付总资本也会不断增加，对其他部门的优势也会不断扩大。

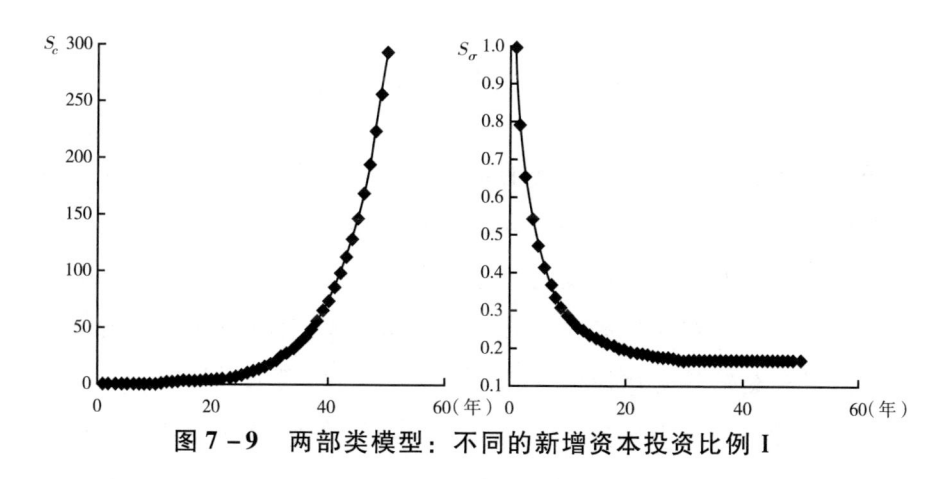

图 7-9　两部类模型：不同的新增资本投资比例 Ⅰ

命题 7.4：假设除了新增资本的投资比例不同外，两部门的其他条件相同。即 $C_{I,0} = C_{II,0}$，$\delta_I = \delta_{II}$，$\sigma_{I,0} = \sigma_{II,0}$，$\gamma_I \neq \gamma_{II}$。最终，两个部门的资本有机构成之比会趋于稳定，新增资本倾向于不变资本的部门会相对萎缩。

图 7-10 描述了不同新增资本投资倾向下两部门的预付总资本之比。我们假设 $\sigma_{I,0} = \sigma_{II,0} = 1.5$，$\delta = 0.4$，$m = 1$，$C_0 = 1$，$\gamma =$

[0.01:0.98/99:0.99]。在 100 期后，我们计算不同部门的资本之比，即 $S_{C,t} = C(\gamma, 100)/C(0.49, 100)$。为方便观察，我们只截取了 $\gamma \in (0.4, 0.6)$ 之间的 $S_{C,t}$ 的值。可以发现，随着 γ 的增加，$S_{C,t}$ 会加速下降。

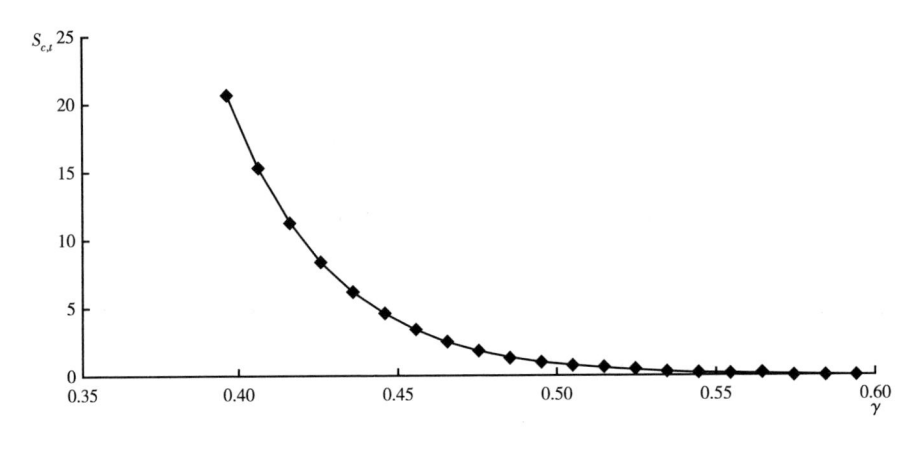

图 7-10　两部类模型：不同的新增资本投资比例 II

刚才我们讨论了四种不同的场景下两部门预付资本总量及资本有机构成的变化情况。我们发现，即使只改变一个条件，部门之间的差距也可能发生激烈的变化，这使得经济很难保持平衡状态，过剩不可避免。现在我们来讨论在资本家有限理性的情况下，两部门资本总量和结构的变化情况。

我们考虑一种最简单的情况。假设经济在初始阶段处于平衡状态，即 $DS_{I,0} = DS_{II,0} = 0$。在这种较为理想的情况下，经济能否长期处于平衡状态？这是我们关心的问题。可惜的是，答案为否。图 7-11 给出了特定参数下经济结构的演化情况。假设两部门初始预付资本为 $C_{I,0} = C_{II,0} = 1$，资本有机构成为 $\sigma_{I,0} = \sigma_{II,0} = 1$，投资比例为 $\delta_{I,t} = 0.64$，$\delta_{II,t} = 0.6$，新增资本倾向为 $\gamma_{I,0} = 0.4$，$\gamma_{II,0} = 0.6$，有限理性程度适中，$\rho_I = \rho_{II} = 2$。两部门的资本家根据（6-10）式和（6-11）式来修正他们的行为，即修正 $\gamma_{I,t+1}$ 和 $\gamma_{II,t+1}$。预付总资本、不变资本、可变资本、资本有机构成分别按照（6-1）式、（6-2）式、（6-3）式和（6-4）式演化。图7-11中第一个子图描述了生产资料部门的需求——产出缺口。可以看出，经济基本上长期处于不平衡的状态。第二个子图描述了两部门新增资本投资倾向的演化情况。消费资料部门因为长期需求小于供给，所以新增资本基本流向可变资本，导致 $\gamma_{\text{II},t}/\gamma_{\text{I},t} \to 0$。第三个子图描述了两部门资本比例的演化情况。在消费资料部门倾向于投资可变资本的情况下，它的剩余价值越来越多，规模也就越来越大，最终使得 $C_{\text{I},t}/C_{\text{II},t} \to 0$。

在刚才的分析当中，我们做了一个潜在的假设：无论经济是否处在平衡状态，两个部门都能顺利实现它们的商品价值，即能顺利从商品资本转化为货币资本。这个假设过于理想化。当经济处于不平衡状态或经济危机状态时，供过于求的部门必然会遭到严重的损失。不失一般性，本书假设如果供大于求，过剩的产品将不能顺利实现价值，成为无用之物。令 $D_{\text{I},t} = c_{\text{II},t} + \delta_{\text{II},t}\gamma_{\text{II},t}mv_{\text{II},t}$，$S_{\text{I},t} = v_{\text{I},t} + (1 - \delta_{\text{I},t})mv_{\text{I},t}$，$\bar{S}_{\text{I},t} = (1 - \delta_{\text{I},t})mv_{\text{I},t}$。如果 $D_{\text{I},t} > S_{\text{I},t}$，则

$$\begin{aligned}\gamma_{\text{I},t+1} &= \min\{\max\{\gamma_{\text{I},t} - \rho_{\text{I}}DS_{\text{I},t}, 0\}, 1\} \\ v_{\text{I},t+1} &= v_{\text{I},t} + \delta_{\text{I}}(1 - \gamma_{\text{I},t})mv_{\text{I},t} \\ c_{\text{I},t+1} &= c_{\text{I},t} + \delta_{\text{I}}\gamma_{\text{I},t}mv_{\text{I},t}\end{aligned} \quad (7-10)$$

（7-10）式的含义是：如果消费资料部门对生产资料部门的需求大于生产资料部门的供给，那么，生产资料部门将能够正常完成资本积累。

如果 $\bar{S}_{\text{I},t} \leq D_{\text{I},t} < S_{\text{I},t}$，则

$$\begin{aligned}\gamma_{\text{I},t+1} &= \min\{\max\{\gamma_{\text{I},t} - \rho_{\text{I}}DS_{\text{I},t}, 0\}, 1\} \\ v_{\text{I},t+1} &= D_{\text{I},t} - \bar{S}_{\text{I},t} \\ c_{\text{I},t+1} &= c_{\text{I},t} + \delta_{\text{I}}mv_{\text{I},t}\end{aligned} \quad (7-11)$$

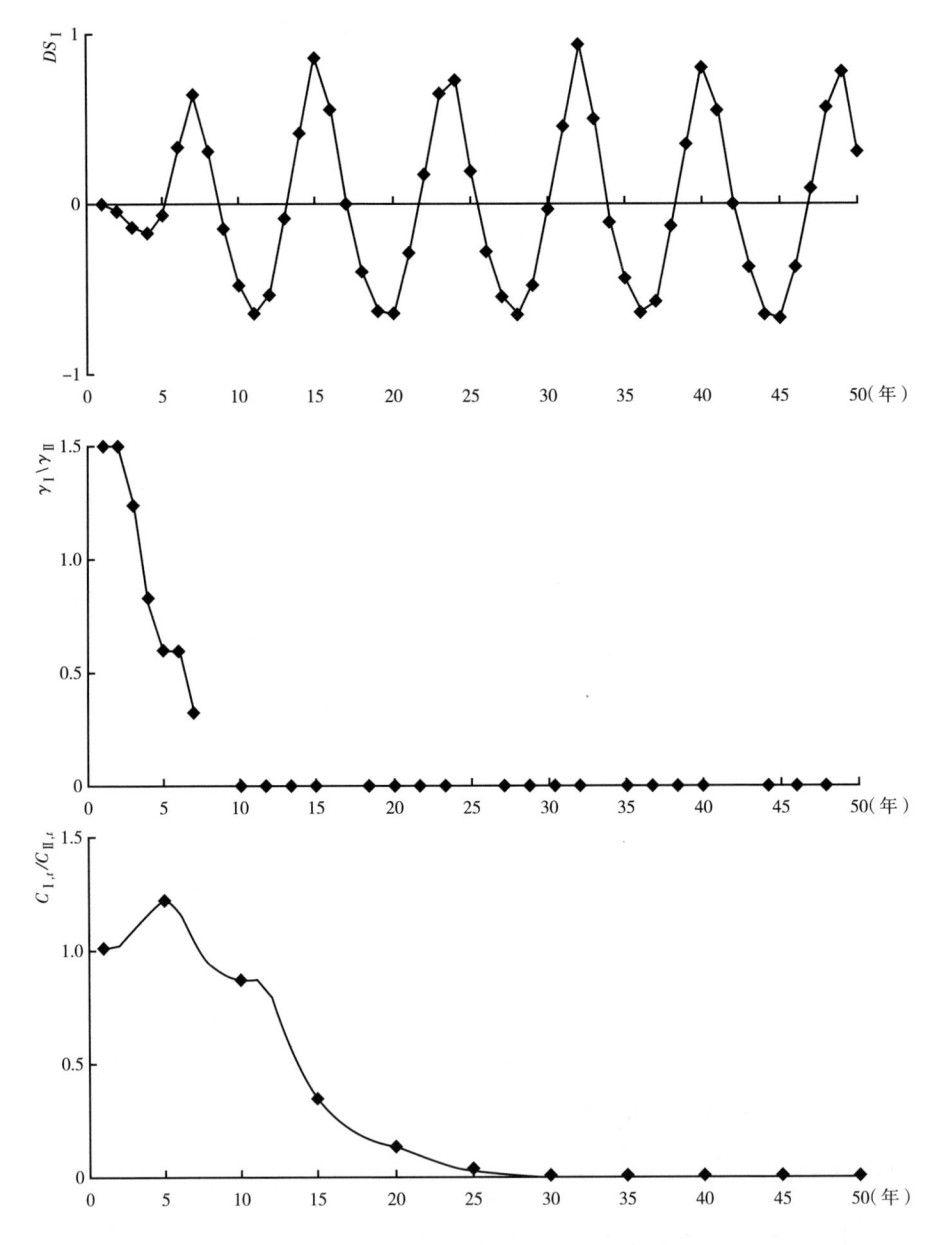

图 7-11 两部类模型：经济初始阶段处于平衡状态下的演化情况 I

（7-11）式的含义是：如果需求小于供给，资本家会首先满足自己的生活资料需要，剩余部分用于支付工人工资。当期可变资本少于预期,意味着对工人的需求下降,下一期的可变资本也会下降。因此,资本家会将全部投资用于不变资本。

如果 $D_{\mathrm{I},t} < \bar{S}_{\mathrm{I},t}$,则

$$\begin{aligned}
\gamma_{\mathrm{I},t+1} &= \min\{\max\{\gamma_{\mathrm{I},t} - \rho_{\mathrm{I}} DS_{\mathrm{I},t}, 0\}, 1\} \\
v_{\mathrm{I},t+1} &= \underline{v}_{\mathrm{I}} v_{\mathrm{I},t} \\
c_{\mathrm{I},t+1} &= c_{\mathrm{I},t} + \delta_{\mathrm{I}} m v_{\mathrm{I},t}
\end{aligned} \quad (7-12)$$

(7-12)式的含义是:如果需求过低,资本家会将大部分生活资料供自己消费,给工人一个基本维持性的工资,$\underline{v}_{\mathrm{I}} v_{\mathrm{I},t}$,或者,工人将会出现 $(1-\underline{v}_{\mathrm{I}})$ 比例的失业。

令 $D_{\mathrm{II},t} = v_{\mathrm{I},t} + (1-\delta_{\mathrm{I},t}) m v_{\mathrm{I},t}$,$S_{\mathrm{II},t} = c_{\mathrm{II},t} + \delta_{\mathrm{II},t} \gamma_{\mathrm{II},t} m v_{\mathrm{II},t}$。如果 $D_{\mathrm{II},t} \geqslant S_{\mathrm{II},t}$,则

$$\begin{aligned}
\gamma_{\mathrm{II},t+1} &= \gamma_{\mathrm{II},t} \\
c_{\mathrm{II},t+1} &= c_{\mathrm{II},t} + \delta_{\mathrm{II},t} \gamma_{\mathrm{II},t} m v_{\mathrm{II},t} \\
v_{\mathrm{II},t+1} &= v_{\mathrm{II},t} + \delta_{\mathrm{II},t}(1-\gamma_{\mathrm{II},t}) m v_{\mathrm{II},t}
\end{aligned} \quad (7-13)$$

(7-13)式的含义是:如果需求大于供给,经济将按照正常方式进行积累。

如果 $D_{\mathrm{II},t} < S_{\mathrm{II},t}$,则

$$\begin{aligned}
\gamma_{\mathrm{II},t+1} &= \max\{\gamma_{\mathrm{II},t} + \rho_{\mathrm{II}} DS_{\mathrm{II},t}, 0\} \\
c_{\mathrm{II},t+1} &= D_{\mathrm{II},t} \\
v_{\mathrm{II},t+1} &= v_{\mathrm{II},t} + \delta_{\mathrm{II},t} m v_{\mathrm{II},t}
\end{aligned} \quad (7-14)$$

(7-14)式的含义是:如果需求小于供给,下一期的不变资本将会受到影响,资本家会将更多资本投入到可变资本当中。

对于(7-10)式至(7-14)式描述的经济系统,我们用数值模拟的方式进行分析。首先我们考虑第一种可能的场景,也是最简单的场景:经济在初始阶段处于平衡状态。参数和前面的分析一致,即 $C_{\mathrm{I},0} = C_{\mathrm{II},0} = 1$,$\sigma_{\mathrm{I},0} = \sigma_{\mathrm{II},0} = 1$,$\delta_{\mathrm{I},t} = 0.64$,$\delta_{\mathrm{II},t} = 0.6$,$\gamma_{\mathrm{I},0} = 0.4$,

$\gamma_{II,0} = 0.6$，$\rho_I = \rho_{II} = 2$。另外，假设 $v_I = 0.75$，即经济危机将造成 25% 的失业率。图 7-12 描述了两部类模型中经济结构的演化情况。可以看出，经济几乎一直处在不平衡的状态。

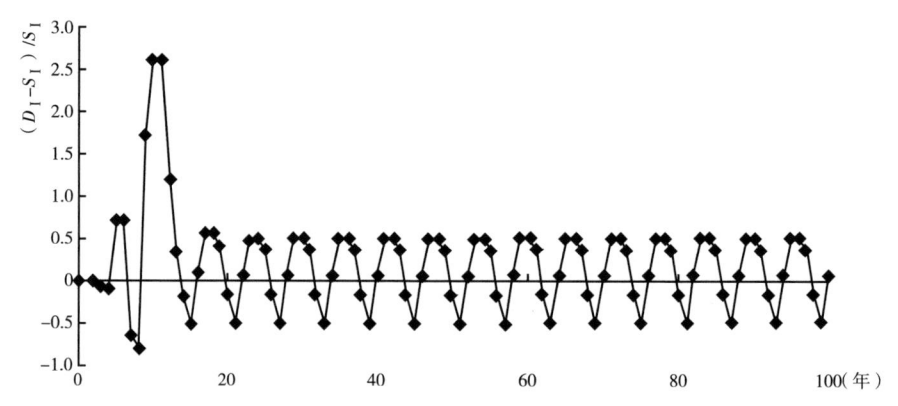

图 7-12　两部类模型：经济初始阶段处于平衡状态下的演化情况 II

我们再来考虑第二种可能的场景。假设两部门初始预付总资本不相等，其他方面都相等。即 $C_{I,0} \neq C_{II,0}$，$\delta_I = \delta_{II}$，$\gamma_{I,0} = \gamma_{II,0}$，$\sigma_{I,0} = \sigma_{II,0}$。图 7-13 描述了在初始预付总资本不相等下经济的演化情况。其中，$C_{I,0} = 2$，$C_{II,0} = 1$，$\delta_I = \delta_{II} = 0.4$，$\gamma_I = \gamma_{II} = 0.4$，$\sigma_I = \sigma_{II} = 1$，$\rho_I = \rho_{II} = 2$。从图中可以看出，这可能会带来长期的经济不平衡。

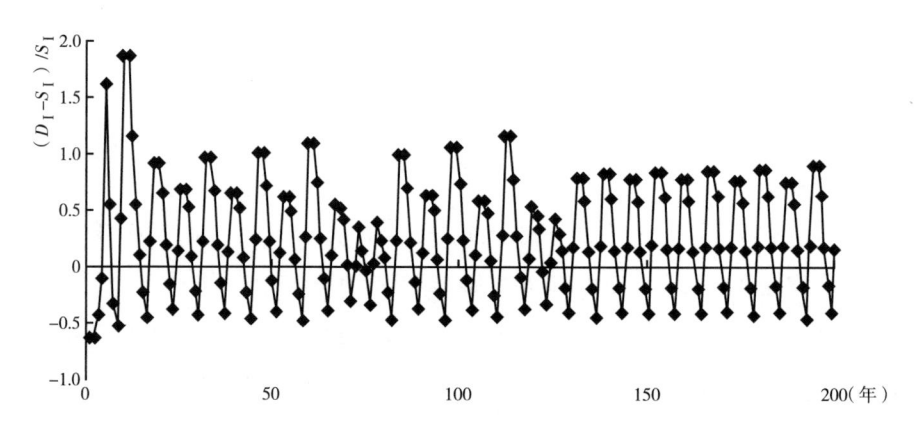

图 7-13　两部类模型：初始预付总资本不平等下经济的演化情况

我们再来考虑第三种可能的场景。假设部门内部资本和劳动的地位不对等，其他方面都相等。即 $\sigma_I = \sigma_{II} > 1$，$C_{I,0} = C_{II,0}$，$\gamma_{I,0} = \gamma_{II,0}$，$\delta_{I,0} = \delta_{II,0}$。图 7-14 描述了资本、劳动不对等下经济的演化情况。其中，$C_{I,0} = C_{II,0} = 1$，$\sigma_I = \sigma_{II} = 1.5$，$\delta_I = \delta_{II} = 0.4$，$\gamma_I = \gamma_{II} = 0.4$，$\rho_I = \rho_{II} = 2$。如图所示，经济基本上也一直处于不平衡状态。

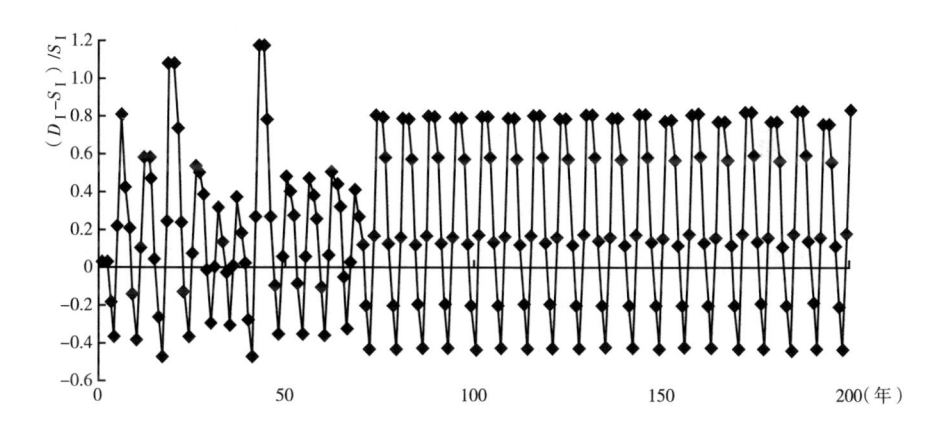

图 7-14　两部类模型：资本、劳动不对等下经济的演化情况

刚才我们分析了几种特殊的情况下经济的稳定情况。我们发现情况并不乐观，经济基本上处于失衡状态。对于上述结论，一个很自然的疑问是：如果放宽假设，考虑更多的可能性，经济是否有可能处在平衡状态或者接近平衡状态？我们同样通过数值模拟的方式回答这个问题。令 $N = 1000$ 表示可能的状态，$T = 2000$ 表示经济系统的时间。假设 $C_{I,0} = \exp[\text{randn}(N,1)]$，[1] $C_{II,0} = \exp[\text{randn}(N,1)]$，$\delta_I = \text{rand}(N,1)$，[2] $\delta_{II} = \text{rand}(N,1)$，$\gamma_{I,0} = \text{rand}(N,1)$，$\gamma_{II,0} = \text{rand}(N,1)$，$\underline{v}_I = 0.75$，$\rho_I = \exp[\text{randn}(N,1)]$，$\rho_{II} = \exp[\text{randn}(N,$

---

[1] 这个式子的含义是：$C_{I,0}$ 是一个 $N \times 1$ 的列向量，每个元素的对数值服从正态分布。即从正态分布中抽取 N 个值，然后指数运算得到 $C_{I,0}$。其中，randn 是 MatLab 中抽取正态分布的命令。下同。

[2] rand 是 MatLab 中抽取均匀分布的命令。

1)]，$\sigma_{I,0} = \exp[\text{randn}(N,1)]$，$\sigma_{II,0} = \exp[\text{randn}(N,1)]$。另外一个可能的疑问是：经济处于不平衡状态，是不是因为我们对平衡的定义过于严格？适当放宽条件，经济是不是就可能处于稳定状态？鉴于此，我们适当放宽了经济均衡的假设，即如果 $DS_{I,t} \in (-0.1, 0.1)$，或者，经济在10%的范围内波动，我们就认为经济处于平衡状态。图7-15描述了经济在不同时期处于平衡状态的可能性。计算方式是，在任意时期 t，令 $S_{i,t} = 1_{DS_{i,t} \in (-0.1, 0.1)}$，其中 1 为指标函数，然后计算 $S_t = \sum_{i=1}^{N} S_{i,t}/N$，即为经济处于平衡状态的可能性。为了观察初始条件对经济演化的长期影响，最终绘图选取的时间段为 $t \in [0.9T, T]$。从图7-15可看出，在不同的条件下，即使给经济足够的时间演化，经济处于平衡状态的可能性仍然微乎其微。附录D第一节中的 Algorithm 1 给出了图7-15的算法。

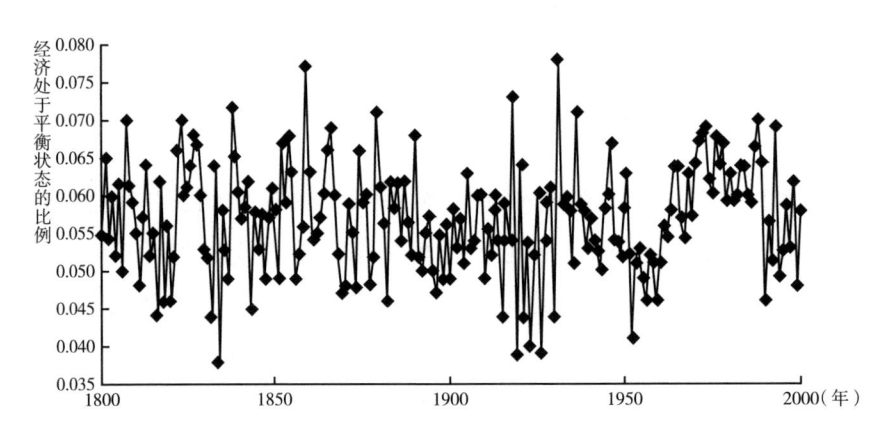

图 7-15　两部类模型：经济处于平衡状态的可能性

第二节　随机选择下不平等对经济危机的影响程度

在第六章第四节中，我们分析了随机选择下企业的行为方式。本节我们讨论不同的场景下宏观经济的变化情况。

我们先考虑一种最简单的情形。假设所有企业的生产规模都相等，即 $\bar{K}_j = \bar{K}$，$j \in \{1,\cdots,J\}$。假设初始阶段，企业都按照产能正常生产，即 $Q_{j,0} = \bar{K}$。简单计算不难发现，当满足如下条件时，企业将永远选择正常生产。

$$a + b(\theta_H + 1)\bar{K} > \exp(1 - \theta_H), 1 > a + b(1 + \theta_L)\bar{K} \quad (7-15)$$

如果我们将企业规模正规化（normalized）为 1，找到合适的参数使（7-15）式成立，并不困难。[①]

如果我们假设消费者的行为有一定的惯性，即消费者根据上一期的产出来决定当期的消费，即总需求 D_t 为

$$D_t = Q_{t-1} \quad (7-16)$$

这个假设有一定的合理性。上一期的产出最终会成为消费者的收入，消费者会根据当期的收入来决定或计划未来的消费水平。进一步来说，如果所有企业都选择正常生产，即使初始阶段经济处于非平衡状态，在两期之后，$D_t = \bar{K}$，经济也会处于平衡状态。

我们有命题 7.5：假设企业规模相等，在初始阶段都正常生产，如果（7-15）式成立，企业将永远选择正常生产，经济也将永远处于平衡状态。

图 7-16 描述了企业规模相等、初始阶段正常生产条件下经济稳定的可能性。令 $f(\theta_H) = a + b(\theta_H + 1)\bar{K} - \exp(1 - \theta_H)$，$g(\theta_L) = 1 - a - b(1 + \theta_L)\bar{K}$。显然，$f(\theta_H) > 0$，$g(\theta_L) > 0$，经济处于稳定状态。令 $a = 0.2$，$b = 0.5$，$\bar{K} = 1$，可以发现，如果 a,b 比较小，或者企业生产成本不大，那么，企业有扩张的可能，即存在 θ_H^*，当 $\theta_H \in [1, \theta_H^*]$ 时，有 $f(\theta_H) < 0$（见图 7-16 的左

[①] 这个假设不影响后续的任何结论，因为我们对参数 a,b 没有做任何限制。

图)。如果 θ_L 较大,企业稍微收缩产能也是可能的,即存在 θ_L^*,当 $\theta_L \in [\theta_L^*, 1]$ 时,有 $g(\theta_L) < 0$(见图 7-16 的右图)。如果 θ_H 较大,或者 θ_L 较小,企业不会偏离正常的生产状态。这是因为超负荷生产可能会导致产品积压,轻负荷生产可能导致利润偏低。

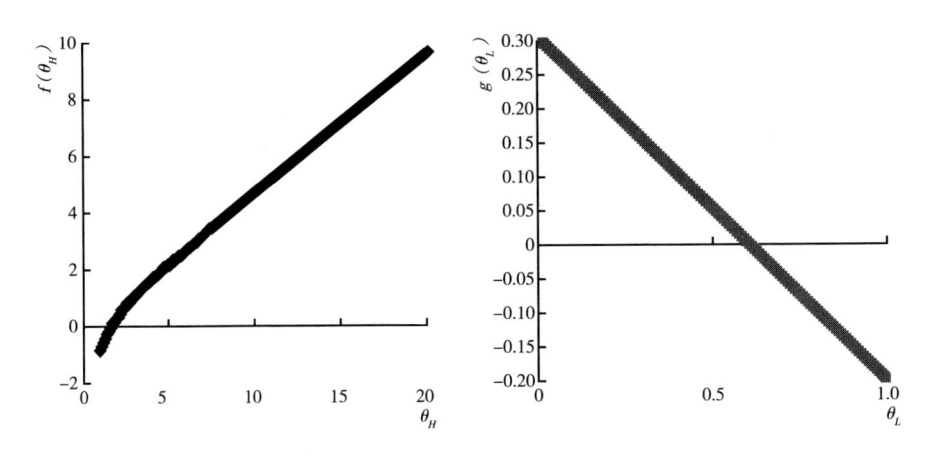

图 7-16 企业规模相等、初始阶段正常生产条件下经济稳定的条件 I

我们考虑第二种情形。假设企业规模都相等,但初始阶段产出大于企业正常生产规模,即 $\bar{K}_j = \bar{K}$,$\bar{Q}_0 > \bar{K}$。不难计算出,如果满足下式,所有企业将选择正常生产

$$a + b(\theta_H + 1)\bar{K} > 1 > a + b(1 + \theta_L)\bar{K} \qquad (7-17)$$

命题 7.6:假设企业规模相等,初始阶段的产出大于社会正常生产,如果 (7-17) 式成立,企业将迅速恢复正常生产,经济也将在后续阶段处于平衡状态。

图 7-17 描述了 (7-17) 式成立的条件。其中参数设定和图 7-16 一致,解释与之类似。

我们再来考虑第三种情形,即企业的规模都相等,初始阶段社会产出小于正常产出,即 $\bar{K}_j = \bar{K}$,$\bar{Q}_0 < \bar{K}$。可以计算出,当满足如下条件时,企业将选择正常生产,经济将恢复到平衡状态。

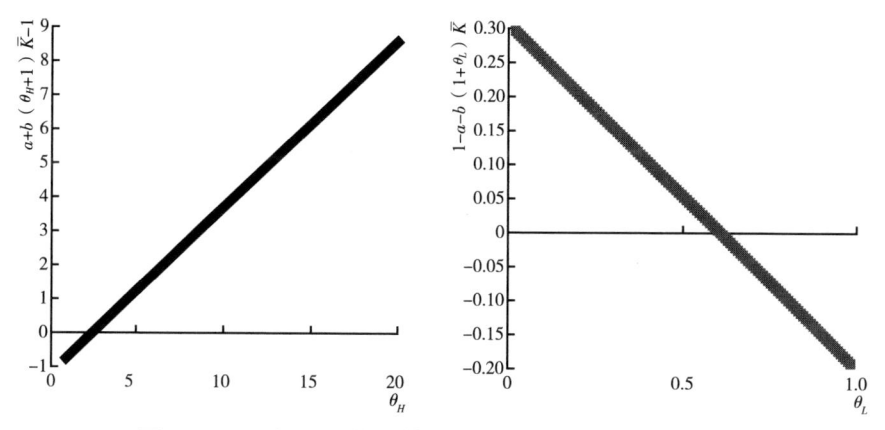

图 7-17 企业规模相等、初始阶段的产出大于社会
正常生产条件下经济稳定的条件 II

$$a(\theta_H - 1) + b(\theta_H^2 - 1)\bar{K} > (\theta_H - \theta_L)\exp(\theta_L - \theta_H) - (1 - \theta_L)\exp(\theta_L - 1)$$

$$\exp(\theta_L - 1) > a + b(1 + \theta_L)\bar{K}$$

$$a + b(\theta_H + 1)\bar{K} > \exp(1 - \theta_H) \tag{7-18}$$

命题 7.7：假设企业规模相等，初始阶段的产出小于社会正常生产，如果 (7-18) 式成立，企业将迅速恢复正常生产，经济也将在后续阶段处于平衡状态。

图 7-18 描述了 (7-18) 式成立的条件。令

$$f^1(\theta_H) = a(\theta_H - 1) + b(\theta_H^2 - 1)\bar{K} - (\theta_H - \theta_L)\exp(\theta_L - \theta_H) + (1 - \theta_L)\exp(\theta_L - 1)$$

$$f^2(\theta_H) = a + b(\theta_H + 1)\bar{K} - \exp(1 - \theta_H)$$

$$f^3(\theta_L) = \exp(\theta_L - 1) - a - b(1 + \theta_L)\bar{K}$$

假设参数和前面一致，即 $a = 0.2$，$b = 0.5$，$\bar{K} = 1$。我们可以发现，$f^1(\theta_H) > 0$，$f^2(\theta_H > 0)$ 基本上是成立的（见图 7-18 的左上图和右上图），[1] 但 $f^3(\theta_L > 0)$ 基本不成立（见图 7-18 的左下图）。$f^3(\theta_L) < 0$，原因是参数 a, b 太大。如果令 $b = 0.2$，条件即可满足（见图 7-18 的右下图）。

---

[1] 在计算 $f^1(\theta_H)$ 时，我们假设 θ_H 的取值范围是 [1, 20]，θ_L 固定为 0.8。

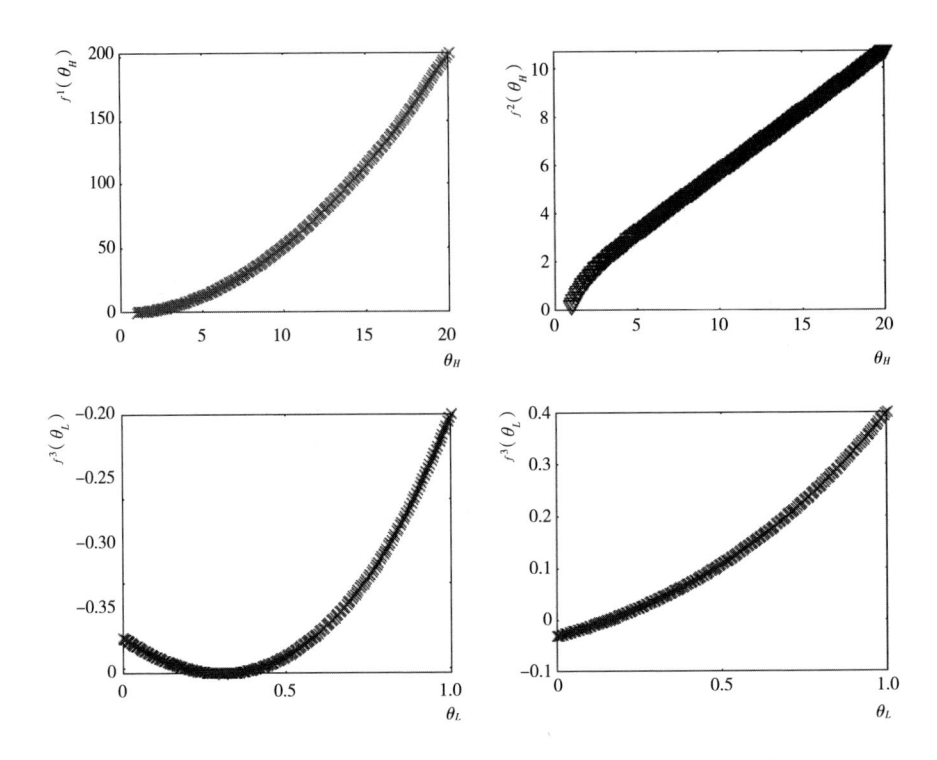

**图 7 – 18　企业规模相等、初始阶段的产出小于社会
正常生产条件下经济稳定的条件Ⅲ**

我们再来考虑第四种情形。假设企业的规模都不相等，即 $\bar{K}_1 <\bar{K}_2 < \cdots < \bar{K}_J$。在 $\bar{K}_J \gg \bar{K}_1$ 的情况下，即使初始阶段所有企业都正常生产，即 $Q_{j,t-1} = \bar{K}_j$，也必然有部分企业 $s_{j,t} \neq 1$。在 $\bar{K}_J \approx \bar{K}_1$ 的情况下，可能会出现 $s_{J,t} > \theta_H$ 的情形，也可能会出现 $s_{1,t} < \theta_L$ 的情形。通过计算，我们得到了在各种可能的情形下，所有企业选择正常生产的条件

$$a + b(1 + \theta_H)\bar{K}_1 > 1, \exp(\theta_L - 1) > a + b(1 + \theta_L)\bar{K}_J \qquad (7-19)$$

命题 7.8：假设企业规模不相等。如果（7 – 19）式成立，社会将恢复正常生产，经济也会处于平衡状态。

（7 – 19）式对企业规模分布提出了较为严格的要求。只有企业

规模分布处在 $\left[\dfrac{1-a}{b(1+\theta_H)}, \dfrac{\exp(\theta_L-1)-a}{b(1+\theta_L)}\right]$ 范围之内，或者企业的规模相差较小，经济才能处在平衡状态。反过来，如果企业规模相差较大，企业就可能超负荷生产，也可能轻负荷生产。总产出不断波动，社会无法形成稳定的消费预期，最终可能导致供给不足，或者生产过剩。

图 7 - 19 描述了企业规模不相等条件下社会平均产出（$\bar{Q}$）和供需（$S-D$）的变化。其中，$\theta_H = 1.3$，$\theta_L = 0.9$，$a = 0.5$，$b = 0.02$，$J = 100$，$\bar{K} = 10 + 3 \times \mathrm{rand}(J,1)$，$\bar{Q}_0 = \sum_{j=1}^{J} \bar{K}_j / J$。从图中可以看出，即使企业在初始阶段全部选择正常生产，在后续阶段也有可能缩小生产规模，形成经济的衰退。附录 D 第二节中的 Algorithm 2 给出了图 7 - 19 的伪代码。

第三节　小结

本章对第六章的结论进行了数值模拟和验证。与第六章的结构类似，本章也采用了适应性学习和随机选择两种方法进行分析和研究。

在适应性学习的框架下，本章首先分析了马克思的单部类模型。我们发现资本有机构成有一定的惯性，即本期的资本有机构成与过去的资本有机构成正相关，其大小最终取决于新增资本的投资倾向。如果新增资本倾向于投入到不变资本，则资本有机构成较高。反之，则资本有机构成较低。

我们接着分四种场景分析了两部类模型中不平等的影响。第一种场景是部门之间初始预付总资本不平等，其他条件一致；第二种场景是部门之间初始资本有机构成不相等，其他条件一致；第三种场景是部门之间的投资比例不相等，其他条件一致；第四种场景是

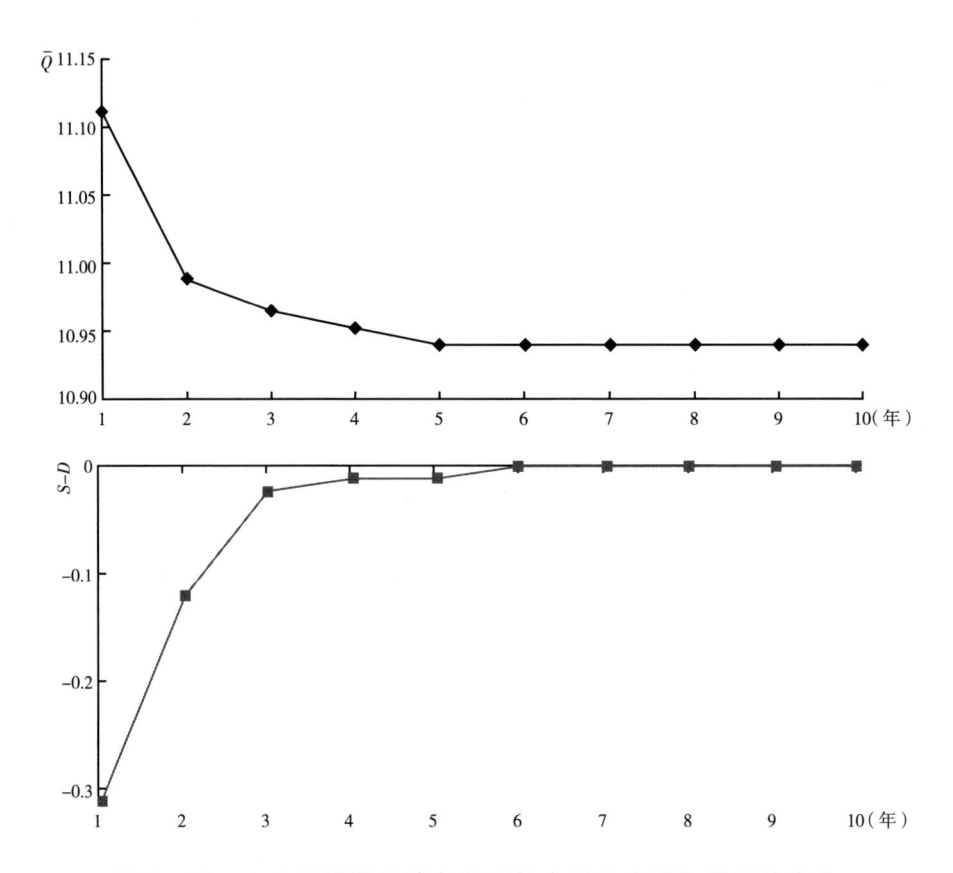

图 7-19 企业规模不相等条件下社会平均产出和供需的变化

新增资本的投资比例不相等,其他条件一致。我们发现,在有限理性的情况下,不平等导致经济处于平衡状态的可能性几乎为零。

在随机选择的框架下,本章分析了多个企业经济稳定的可能性。我们发现,经济自发平衡的条件较为苛刻,要求各个企业的规模相差不大。在企业规模相差较大的情况下,即使经济在初期处于平衡状态,在随后的时间里,也有可能出现一段时间的衰退。

第八章 计量检验：不平等对经济增长和经济波动的影响

第一节 引言

在第四章、第五章，我们通过理论计算和数值模拟的方式，发现了不平等对经济稳定性和增长率的影响。随着不平等程度的增加，经济稳定性和长期增长率都会下降。在第六章、第七章，我们研究了不平等对经济结构和经济平衡的影响。不平等程度增加，经济结构可能失调，经济可能长期处于失衡状态，严重时甚至引发经济萧条。

本章的主要目的，就是利用跨国面板数据，借助标准的宏观增长计量模型，检验第四～七章的研究结论。在曼昆等学者的研究[100]推动下，宏观增长计量已经形成了比较成熟的范式。本章的研究并不是直接检验第四～七章的公式，而是在曼昆等学者开创的框架下，检验前面的结论。标准处理流程的结果显示，马克思对不平等与经济危机关联的结论是可信的。

第二节 回归模型的基本假设

在命题4.6、命题4.7中，我们证明：在稳态下，经济不平等程度越高，经济增长越慢。在命题5.1中，我们证明：在特定情况下，经济中存在周期为 2 的内生周期。经济不平等程度越高，经济波动越大，经济增长率越低。在第六章和第七章，我们发现不平等会影响经济的稳定程度和平衡性。因此，我们得到如下两个假设。

假设 1：不平等程度增加，经济增长率下降。

假设 2：不平等程度增加，经济波动增加。

假设 1 研究不平等与经济增长之间的关系，可以将其看作宏观增长回归计量研究。在计量经济学中，得益于曼昆等学者 1992 年的开创性研究和其他经济学家的不断发展完善，[101] 宏观增长回归计量研究已经形成比较成熟的范式，学者对主要变量选取、模型设定等已基本形成共识。因此，根据宏观增长回归计量研究的一般做法，假设 1 在面板数据下对应的回归方程为

$$g_{i,t} = \beta_1 \ln y_{i,t-1} + \beta_2 \ln n_{i,t} + \beta_3 \ln s_{i,t} + \gamma_g \ln \vartheta_{i,t} + \gamma_1 Z_{i,t} + \alpha_i + \lambda_t + \varepsilon_{i,t} \quad (8-1)$$

其中，i 表示国家，t 表示时间，$g_{i,t}$ 为人均实际 GDP 增长率，$\ln y_{i,t}$ 为人均实际 GDP 对数，$\ln n_{i,t}$ 为人口增长率对数，$\ln s_{i,t}$ 为储蓄率对数，$\vartheta_{i,t}$ 为不平等程度，$Z_{i,t}$ 为其他控制变量，α_i 为国家的异质性特征，λ_t 为时间冲击，$\varepsilon_{i,t}$ 为外生冲击。一般情况下，我们假设 $\varepsilon_{i,t}$ 为独立同方差正态分布，即 $\varepsilon_{i,t} \sim N[0,\sigma^2]$，$E[\varepsilon_{i,t}\varepsilon_{j,s}] = 0, i \neq j \vee s \neq t$。在 (8-1) 式中，主要控制变量是 $\ln y_{i,t-1}$，$\ln n_{i,t}$，$\ln s_{i,t}$，这是宏观增长回归计量研究的基本要求。

假设 1 在截面数据下对应的回归方程为

$$\bar{g}_i = \beta_1 \ln \bar{y}_{-1} + \beta_2 \ln \bar{n}_i + \beta_3 \ln \bar{s}_i + \gamma_g \ln \bar{\vartheta}_i + \gamma_2 \bar{Z}_i + \varepsilon_i \quad (8-2)$$

其中 $\bar{g}_i = \sum_{t=1}^{T_i} g_{i,t}/T_i$ 为经济增长率的均值，其他变量类似。

一般情况下，回归结果要求

$$\beta_1 < 0, \beta_2 < 0, \beta_3 > 0 \quad (8-3)$$

$\beta_1 < 0$ 的含义是，经济从整体上应该具有收敛趋势，即一个国

家初始收入水平越高,经济增长率越小,反之,越大。$\beta_2 < 0$ 的含义是,过快的人口增长对经济发展不利。$\beta_3 > 0$ 的含义为高储蓄是经济增长的主要动力。回归结果是否满足(8-3)式在一定程度上是检验回归方程和控制变量选择是否合适的一个标准。根据假设 1,本书预计

$$\gamma_g < 0 \tag{8-4}$$

假设 2 研究不平等与经济波动之间的关系。对于数据如何处理、主要控制变量如何选择等问题,这一领域目前还没有公认的结论。本书的回归方程设定如下

$$\ln\sigma_{g,i} = \gamma_\sigma \ln\bar{\vartheta}_i + \gamma_2 \bar{Z}_i + \varepsilon_i \tag{8-5}$$

被解释变量为 $\ln\sigma_{g,i}^2$,其中 $\sigma_{g,i}^2$ 为国家 i 在数据可得年份内经济增长率的方差,即 $\sigma_{g,i}^2 = \sum_{t=1}^{T_i}(g_{i,t} - \bar{g}_i)/T_i$,$\bar{g}_i = \sum_{t=1}^{T_i} g_{i,t}/T_i$。被解释变量的观测值与时间无关,因此,解释变量和控制变量也要做相应处理。根据假设 2,本书预计

$$\gamma_\sigma > 0 \tag{8-6}$$

第三节　数据来源及数据处理

一　数据来源

数据来自宾夕法尼亚大学世界表数据库(Penn World Table,PWT 6.3)[①]和政府质量数据库(Quality of Government,QoG)。[②]

[①] 6.3 为数据的版本号。PWT 数据库每年都在更新,由于选取的折算因子不同,每一版本的数据并不完全一致。为了和 QofG 数据匹配,本书选取的版本为 6.3。

[②] QoG 的数据也在不断更新,本书选择的版本是 QoG 2009。

PWT 由宾夕法尼亚大学创建，提供了纵贯 1950～2007 年横跨 188 个国家或地区的，包含实际 GDP、汇率在内的大量经济数据。[①] QoG 是哥德堡大学 Samanni 等学者收集整理的关于各国经济、政治、政策等数据的综合数据库。

PWT 数据库的特点如下。（1）数据齐全。数据库基本涵盖了宏观研究中的一些重要经济数据，如人口、GDP、消费、政府支出、净出口、汇率、投资等。（2）数据时间长、覆盖国家广。（3）数据具有可比性。各国数据可通过购买力平价、物价水平等方式进行换算，具有可比性。（4）数据具有一致性。PWT 的数据由著名国际贸易学者芬斯特拉（Feenstra）等领导的专业团队收集、整理，数据质量水平比较稳定。PWT 是学者进行跨国研究比较愿意选择的数据库。QoG 数据库是多个数据库的综合，门类齐全，基本上包含了目前公开免费数据库的大多数变量，但各个子库数据之间的可比性和兼容性有待提高。为了保证数据之间的一致性和可比性，本章的经济数据来自 PWT，不平等数据和政策数据来自 QoG。

二 变量的初步选取

本书从 PWT 6.3 中选取 3 个经济变量。（1）人口。对应数据库的变量是 *pop*，为年末人口总数（千）。（2）投资率。对应数据库的变量是 *ki*，含义是投资占 GDP 的比例（%）。投资率的最小值是 -18.87%，这意味着社会中固定资产存量大幅下降或撤资。通过核查数据，我们发现总共有 4 次投资率为负值的情况：尼加拉瓜在 1979 年为 -14.33%；沙特阿拉伯在 1973 年为 -3.83%；塞拉利昂在 2001 年为 -18.87%，2002 年为 -7.36%。检索可知，尼加拉瓜

[①] PWT 早期由宾夕法尼亚大学的 Summers 等人创建，但后来由其他机构如加利福尼亚大学戴维斯分校等维护和发展。

在 1979 年发生了内战, 沙特阿拉伯 1973 年卷入第四次中东战争, 塞拉利昂 2001~2002 年正处于内战后期。因此, 这些国家在特定年份出现资产存量下降并不算意外。(3) 人均实际 GDP。对应数据库的变量是 *rgdpl*2, 是用实际 GDP 总量和人口总量相除而得到的 (见表 8-1)。

表 8-1 选取的变量及其特征

变量	观测值	均值	标准误	最小值	最大值
国家	13727	110.1	63.28	1	219
年份	13727	1977.09	18.11	1946	2008
人口	11020	28038.73	115289.9	7.25	1321852
投资率	8425	21.42	13.08	-18.87	105.68
人均实际 GDP	8425	8690.68	10897.51	154.1	110593.2
基尼系数	683	36.16673	9.35	17.83	63.18
税收和补助占 GDP 比例	2231	5814.41	79625.03	0.03	1441722

资料来源: PWT 6.3 和 QoG。

本书从 QoG 中选取 2 个变量。(1) 不平等。用基尼系数衡量, 对应数据库的变量是 *ds_gini*。如图 8-1 所示, 与其他变量相比, 基尼系数的观测值数量相对较少。数据时间跨度为 1947~1996 年, 数据量最少年份为 1947~1949 年, 每年仅有 1 个数据, 数据量最多年份为 1989 年, 有 35 个数据。有效数据量相对不足, 制约了本书及其他研究在方法层面的可选择性。(2) 税收和补助占 GDP 的比例 (%), 对应数据库的变量是 *ea_tgrg*, 反映政府的征税能力和再分配能力。需要注意的是, 该变量的最大值是 1441722, 可能是 GDP 太低, 以至于政府税收和补助等远远超过正常水平。通过核查数据, 发现刚果 (金) 1982~1993 年和 1995 年该变量数值大于 100, 这可能与该国在1983年（产出损失1%）、1991~1994年（产出损失130%）、1994~1998年（产出损失79%）发生了严重的金融危机有关。①

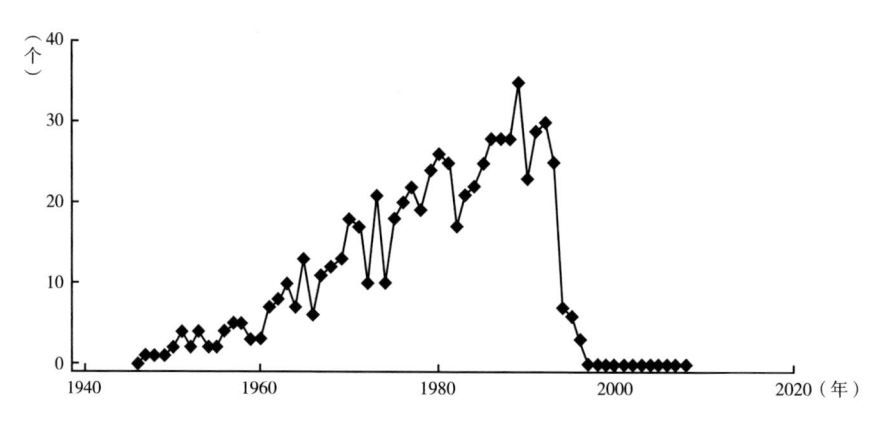

图8-1 基尼系数的有效观察值数量

资料来源：作者根据QoG数据整理。

三 主要变量及其基本特征

本章对上文中选取的数据进行对数和均值处理，使其转化为截面数据。主要理由有3点。（1）数据缺失。基尼系数数据缺失严重，导致整个原始数据是不平衡面板数据（unbalanced panel data）。若按照面板数据常用的均值做差的方式处理数据，会进一步加剧有效数据丢失的程度。（2）本章研究对象之一为经济的波动性。计算经济的波动性要求将面板数据转化为截面数据。（3）不平等的稳定性。图8-2描述了各国基尼系数的变异系数。大多数国家基尼系数的变异系数不到0.05，6个国家在0.05和0.10之间，3个国家超过0.10，最大值接近0.15。根据定义，这意味着基尼系数的最大变动

---

① 关于该国金融危机的具体细节，见克莱森斯等学者的研究。[102] 通过PWT的数据也可看出，1984年之后，刚果（金）的人均实际GDP基本上一直在下降。1984年为1429.64美元，2007年仅为376.82美元。

幅度，不到该国基尼系数均值的15%，这说明不平等程度的变化相对温和。

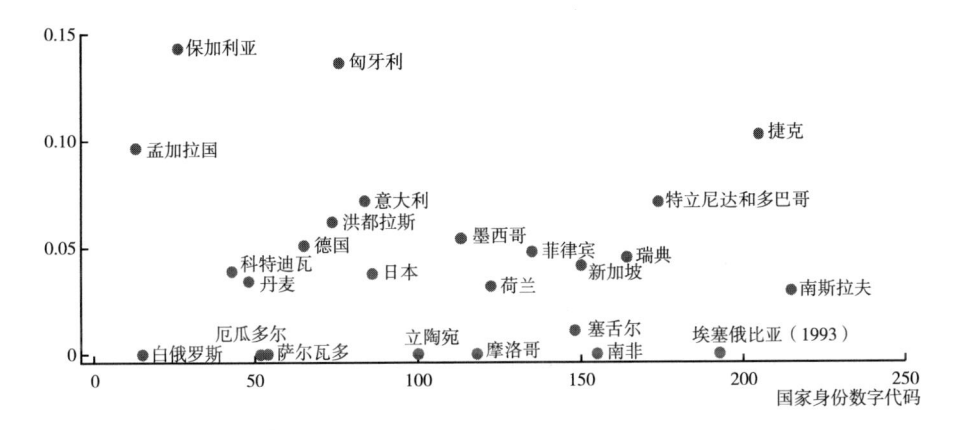

图 8-2　基尼系数的变异系数

资料来源：作者根据 QoG 数据整理。

表 8-2 描述了最终选取的变量的主要特征。被解释变量是人均实际 GDP 增长率均值及其方差的对数，主要解释变量是基尼系数均值对数。控制变量是税收和补助占 GDP 的比例均值对数、人口增长率均值对数、投资率均值对数、1970 年人均实际 GDP 对数。对于表 8-2 的结果，本书有三点补充说明。（1）为方便阅读，本书在表格中用数学符号表示各个变量，在正文和图片中仍然用文字表示。具体修改如下：人均实际 GDP 增长率方差对数，简写为 $\ln\sigma_g^2$；[①] 人均实际 GDP 增长率均值对数，$\ln\bar{g}$；基尼系数均值对数，$\ln\bar{\vartheta}$；税收和补助占 GDP 的比例均值对数，$\ln\bar{\tau}$；人口增长率均值对数，$\ln\bar{n}$；投资率均值对数，$\ln\bar{s}$；初始年份人均实际 GDP 对数，$\ln y_0$。（2）国家人均收入的初始年份选择为 1970 年，这是为了最大限度利用数据。在本书所使用的数据库中，基尼系数

[①] 这实际上非常好理解。在数学中，一般用 $r > g$ 表示方差。在经济学中，一般用 $r > g$ 表示增长率。

数据的起始年份是1947年，那么，人均收入的初始年份至少应该选择为1946年。但由于基尼系数和其他经济数据（如人均实际GDP等）缺失严重，如果选择太早的年份作为经济的初始起点，最终有效样本数量可能不足。经过权衡，本书选择1970年作为起点。（3）人均实际GDP增长率最小值为负值，这意味着，部分国家经济处于长期衰退之中。通过核查数据，发现文莱（1970~2007年）、中非（1960~2007年）、刚果（金）（1950~2007年）、吉布提（1970~2007年）、海地（1960~2007年）、基里巴斯（1970~2007年）、科威特（1970~2007年）、利比里亚（1970~2007年）、利比亚（1970~2007年）、黑山（1990~2007年）、尼日尔（1960~2007年）、帕劳（1970~2007年）、塞内加尔（1960~2007年）、索马里（1970~2007年）等国家经济的平均增长率小于0。这里需要说明的是，经济平均增长率小于0，不一定意味着这些国家贫穷。比如文莱1970年的人均实际GDP是58168.05美元，在1979年一度高达110593.23美元，但后来逐渐下降，2007年为50540.48美元。[①] 但多数长期衰退的国家确实较贫穷。比如刚果（金）在1950年的人均实际GDP为1366.06美元，1971年达到最大值1978.67美元。后来总体处于衰退态势，1997年经济增长率低至 -21.64%，2007年，人均实际GDP仅为376.82美元，仅为1950年的27.58%。

表8-2 变量基本特征

变量	观测值	均值	标准差	最小值	最大值
$\ln \sigma_g^2$	188	3.44	1.09	0.83	6.44
$\ln \bar{g}$	188	2.32	2.01	-1.82	10.29

[①] 人均实际GDP用PWT 6.3中的 *rgdpl* 2 变量衡量，以2005年不变美元为基准进行折算。需要说明的是，不同数据库，甚至同一数据库的不同版本，会采用不用年份、不同方法来计算实际GDP，因此，它们计算的结果可能会有较大的差异。

续表

变量	观测值	均值	标准差	最小值	最大值
$\ln\bar{\vartheta}$	113	3.66	0.25	3.10	4.13
$\ln\bar{\tau}$	125	3.23	1.19	-3.22	13.24
$\ln\bar{n}$	189	0.44	0.79	-3.86	2.03
$\ln\bar{s}$	190	2.92	0.60	1.25	4.13
$\ln y_{1970}$	164	8.26	1.09	6.00	11.49

资料来源：PWT 6.3 和 QoG。

图 8-3 和图 8-4 描绘了不平等程度与经济平均增长率、经济波动的散点图：不平等程度与经济增长率负相关，与经济波动正相关。从图形上看，人均实际 GDP 增长率均值数据相对集中，拟合结果较好，而人均实际 GDP 增长率方差对数数据相对发散，拟合效果一般。因此，有必要进一步深入研究。

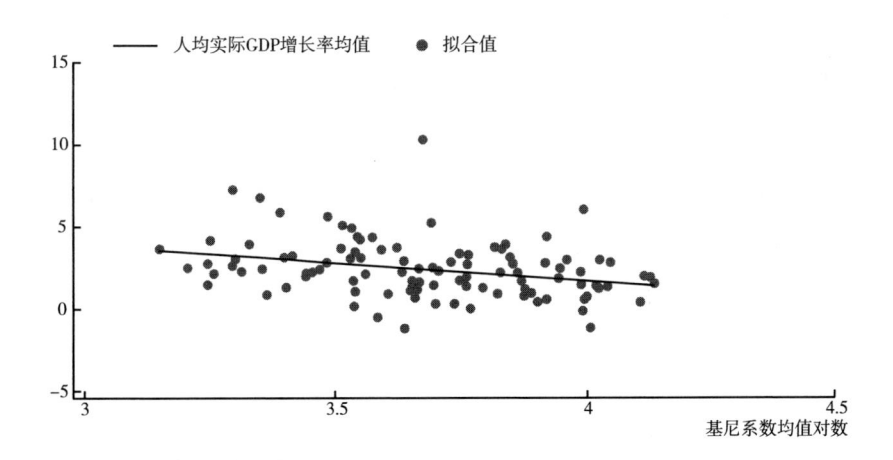

图 8-3　不平等程度与经济平均增长率

资料来源：PWT 6.3 和 QoG。

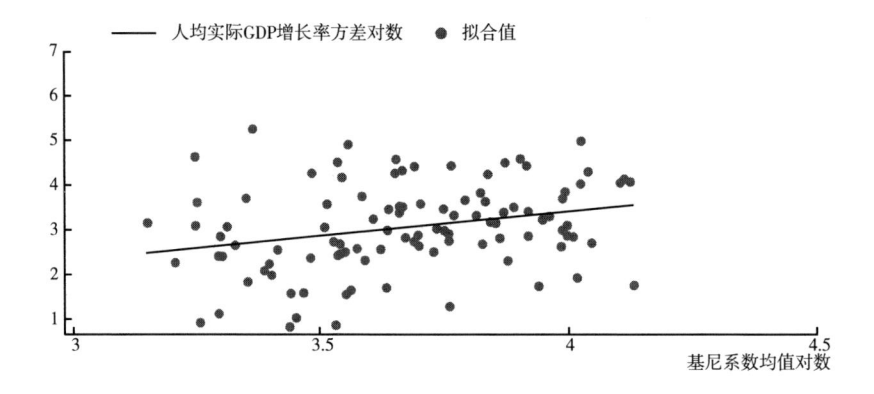

```
                  ── 人均实际GDP增长率方差对数    ● 拟合值
7
6
5
4
3
2
1
 3              3.5              4             4.5
                                        基尼系数均值对数
```

图 8-4　不平等程度与经济波动

资料来源：PWT 6.3 和 QoG。

第四节　研究方法和计量策略

本章主要采用稳健最小二乘法（OLS，Roubst）进行估计和检验。该方法是处理截面数据和连续变量回归的常用方法，具有设定简单、计算容易等特点，在计量回归中常被作为基本参照（benchmark）。①

假设被解释变量的数据为 $Y = [y_1;\cdots;y_n]$，是 $n \times 1$ 维列向量，解释变量的数据为 $X = [x_{1'};\cdots;x_{n'}]$，是 $n \times K$ 维矩阵，② 其中 n 为观测值数量。第 i 次观测时被解释变量为 y_i，解释变量为 $x_i = [x_{i1};\cdots;x_{iK}]$，其中 K 为解释变量的个数。回归方程设定为

$$Y = X\beta + \varepsilon \quad (8-7)$$

其中 $\beta = [\beta_1;\cdots;\beta_K]$ 为解释变量的系数。一般情况下，假设 X

---

① 最小二乘法回归是计量经济学中的标准内容，如格林已有非常详尽的论述。[103] 但为了阅读方便，本书在此还是摘要重述。
② 此处参照了 MatLab 软件对向量和矩阵的记法。如 $[x_{i1};\cdots;x_{ik}]$ 表示列向量，$[x_{i1},\cdots,x_{iK}]$ 表示行向量。

矩阵的第一列为常数,即 $X(:,1) = 1_{n \times 1}$。$\varepsilon = [\varepsilon_1;\cdots;\varepsilon_n]$ 为外生冲击项,不可观测,一般假设它与解释变量不相关,即 $E[X'\varepsilon] = 0$。

ε 为外生冲击项,且不可观测,因此,在样本有限的情况下,我们不可能通过数据得到系数 β 的真实值,只能得到估计值 $\hat{\beta}$。利用 $\hat{\beta}$,我们可以进一步得到被解释变量的预测值,$\hat{Y} = X\hat{\beta}$。被解释变量真实值与预测值之差为回归的残差,$e = Y - \hat{Y}$。最小二乘法(OLS)的原理是求解合适的 $\hat{\beta}$,使残差平方和最小,即

$$S = \min_{\hat{\beta}} \frac{1}{2} \sum_{i=1}^{n} (Y_i - x_i \hat{\beta})^2 \qquad (8-8)$$

简单计算一阶条件,可以得出

$$\hat{\beta} = (X'X)^{-1} X'Y \qquad (8-9)$$

如果假设 ε 满足同方差假设,即每一期的冲击 ε_i 源自独立的正态分布 $N[0,\sigma^2]$,系数 $\hat{\beta}$ 的标准误为

$$\text{std}(\hat{\beta}) = \sqrt{\text{diag}[(X'X)^{-1} s^2]}, s^2 = \sum_{i=1}^{n} e_i^2 / (n - K) \qquad (8-10)$$

其中,diag 表示对角化矩阵。结合系数和标准误,便可检验回归结果的显著性。整个模型的解释力用修正的拟合优度描述,即

$$\bar{R}^2 = 1 - (n-1)(1-R^2)/(n-K), R^2 = 1 - \sum_{i=1}^{n} e_i^2 / \sum_{i=1}^{n} (y_i - \bar{y})^2 \qquad (8-11)$$

在样本或变量有限的情况下,同方差假设过于严格。意外的干扰或变量缺失都可能导致数据表现异常,比如刚果(金)1982~1994年税收和补贴占 GDP 的比例。异常值会影响回归方程系数的估计结果。为了控制异常值的影响,一般假设冲击项满足异方差假设即 $\varepsilon_i \sim N[0,\sigma^2]$,$E[\varepsilon_i \varepsilon_j] = 0, i \neq j$。在异方差假设下,系数的标准误修正为

$$\text{std}(\hat{\beta}) = \sqrt{\text{diag}[(X'X)^{-1} S_0 (X'X)^{-1}]}, S_0 = \sum_{i=1}^{n} e_i^2 x_i x_i' \qquad (8-12)$$

第五节 主要的回归结果

表 8-3 显示了主要的回归结果。第 2 列显示的是（8-2）式的回归结果。根据增长回归的标准做法（杜劳夫等学者的研究[101]），本书控制了投资率、人口增长率和初始人均实际 GDP。本书发现：(1)1970 年人均实际 GDP 对数系数显著为 -0.31，投资率均值对数系数显著为 1.51，这符合(8-3)式的假设，说明本书的回归方程设定符合宏观增长回归模型的一般要求。(2)不平等程度增加 1 个百分点，经济增长速度下降 1.21 个百分点。这个结果并不意外。虽然目前对不平等与经济增长之间关系的研究并没有定论，但也有大量文章从理论上和经验上揭示了两者的负向关联（如阿莱西纳和罗迪克的研究[104]、帕尼扎的研究[105]）。本书的发现支持了部分现有的研究成果，但影响机制不同。阿莱西纳和罗迪克认为不平等通过投票选择等政治进程影响公共政策与经济增长，本书则认为，不平等可能通过直接作用于大众市场、有效需求，影响技术变迁的路径。

第 3~5 列显示了（8-5）式的回归结果。结果表明：不平等程度增加 1 个百分点，经济波动增加 1.22 个百分点。但可能还存在一个问题：异常值干扰。从表 8-2 可看出，人均实际 GDP 增长率方差对数的最大值是 6.44，相应的绝对值是 624.74。这意味着每年增长率变化的幅度接近 25%，表现过于异常，可能严重干扰真实的结果。经过数据核查，发现在有效数据中，加纳、几内亚比绍、卢旺达的经济增长率方差大于 100。①

---

① 阿富汗（284.35）、阿塞拜疆（187.92）、波黑（289.5）、赤道几内亚（618.15）、伊拉克（445.41）、基里巴斯（180.17）、科威特（143.16）、黎巴嫩（624.74）、利比里亚（484.79）、利比亚（138.52）、黑山（204.93）、帕劳（180.16）、沙特阿拉伯（142.3）、塔吉克斯坦（150.7）、阿联酋（585.88）的经济增长率方差都大于 100，但由于它们缺乏其他变量的数据，因此，不算有效数据，在回归中被自动排除。

表 8-3　主要回归结果（方法：OLS，Robust）

变量	$\ln\bar{g}$	$\ln\sigma_g^2$		
$\ln\bar{\vartheta}$	-1.21*	1.15***	1.22***	1.49***
	(-1.88)	(2.86)	(3.21)	(3.50)
$\ln\bar{\tau}$				0.28
				(1.07)
$\ln y_{1970}$	-0.31*			
	(-1.92)			
$\ln\bar{n}$	-0.08			
	(-0.47)			
$\ln\bar{s}$	1.51***			
	(4.94)			
去掉异常值	否	否	是	是
观测值	94	104	101	80
F 值	19.27	8.17	10.31	6.12
调整后的 R^2	0.38	0.08	0.10	0.13

注：* 表示 $0.05 \leqslant p < 0.1$，** 表示 $0.01 \leqslant p < 0.05$，*** 表示 $p < 0.01$。
资料来源：PWT 和 QofG。

第 4 列排除了 3 个人均实际 GDP 增长率方差大于 100 的异常值，回归结果基本不变。第 5 列加入了一个控制变量：税收和补助占 GDP 的比例均值对数。凯恩斯学派认为积极有效的政府干预有利于慰平波动，而政府税收能力一般被认为是国家能力的标志之一，因此在一定程度上可用税收能力代表政府干预经济的程度。[106] 引入该变量后，不平等对经济波动的影响更加明显。

第六节　对回归结果的稳健性检验

一　分位数回归

在前文，本书用稳健最小二乘法检验了假设 1 和假设 2，发现战后 100 多个国家或地区的经济表现符合理论预期：经济不平等程度越高，经济发展越慢，经济波动程度越高。本节采用分位数回归验证最小二乘法的结果。

分位数回归（quantile regression）是康克（Koenker）教授等研究者于 20 世纪 70 年代末提出的一种非参数回归技术。[103,107,108] 其基本思想是，将数据划分为不同的等级或分位，不同分位的数据具有不同的参数。其基本模型为

$$Q[y\mid x,q] = x'\beta_q \text{ s. t. Prob}[y \leq x'\beta_q \mid x] = q, 0 < q < 1 \quad (8-13)$$

其中，q 为分位。从（8-13）式可以再次看出分位数回归的基本思路：对于任意给定的 q，研究人员设法找到合适的 β_q，恰好能把数据集（Y）分为两类，$Y = Y_1 \cup Y_2, Y_1 \cap Y_2 = \emptyset$。其中第一个数据集满足 $Y_1 = \{y_i \mid x_i\beta_q \leq y_i\}$，另外一个数据集满足 $Y_2 = \{y_j \mid x_j\beta_q > y_j\}$，而且第一个数据集的观测值数量占全部数据集的比例为 q，即 $\#Y_1/\#Y = q$。一般认为，分位数回归适合小样本、有异常值的数据分析。从技术上讲，分位数回归等价于求解一个线性规划。[103] 现有的软件，如 Matlab、Stata，已经有非常成熟的命令来处理分位数回归问题。

表 8-4 显示了分位数回归的结果。本书选择了三个分位，$q = 0.25$，$q = 0.5$，$q = 0.75$。第 2~4 列显示了不平等对经济增长的影响。有以下几点发现。（1）投资率均值对数、1970 年人均实际 GDP 对数的系数符合预期，再次说明模型设定基本有效；（2）不平等对不同分位国家的影响不尽相同。不平等对增长率较低的国家（$q = 0.25$，$q = 0.5$），没有显著的影响，但对增长率较快的国家（$q = 0.75$）有显著的负面影响。一个可能的解释是，增长慢的国家（通常也较为贫穷）存在两方面的不利因素。一是它们的不平等程度通常较高。如图 8-5 所示，如果以经济平均增长率 2% 为标准，可以看出发展慢的国家不平等程度要高于发展快的国家。不平等程度较高的情况下，不平等程度上升产生的边际影响下降。二是制约不发达国家经济增长的因素较多（如投资率不足、社会不稳定等），不平等问

题的重要性相对下降。相应的，发展快的国家不平等程度较低，影响发展的其他因素较少，不平等便对经济发展产生较大的影响。表8-4第5~7列显示了不平等对经济波动的影响。结果显示，不平等对不同类型国家经济波动都有显著的正面影响，影响程度基本接近，和最小二乘法回归的结果也接近。

表8-4 主要回归结果（方法：分位数回归）

变量	$\ln \bar{g}$			$\ln \sigma_g^2$		
	q=0.25	q=0.5	q=0.75	q=0.25	q=0.5	q=0.75
$\ln \bar{\vartheta}$	-0.95	-0.11	-1.69**	1.47*	1.45***	1.35**
	(-1.12)	(-0.17)	(-2.42)	(1.71)	(2.81)	(2.11)
$\ln \bar{n}$	-0.26	-0.14	0.25			
	(-0.92)	(-0.65)	(1.11)			
$\ln \bar{s}$	0.97**	1.72***	1.86***			
	(2.75)	(6.32)	(6.48)			
$\ln y_{1970}$	-0.08	-0.34**	-0.38**			
	(-0.42)	(-2.15)	(-2.29)			
$\ln \bar{\tau}$				0.064	0.33	0.73*
				(0.12)	(1.02)	(1.82)
去掉异常值	否	否	否	是	是	是
观测值	94	94	94	80	80	80
调整后的 R^2 或者伪 R^2	0.26	0.27	0.26	0.07	0.08	0.11

注：* 表示 $0.05 \leq p < 0.1$，** 表示 $0.01 \leq p < 0.05$，*** 表示 $p < 0.01$。
资料来源：PWT 和 QoG。

二 异常值

上文用最小二乘法和分位数回归的方法检验了不平等对经济增长和经济波动的影响。我们注意到衡量经济波动的变量是"人均实际GDP增长率方差"。这是学术界一个常用的选择，但问题是一个

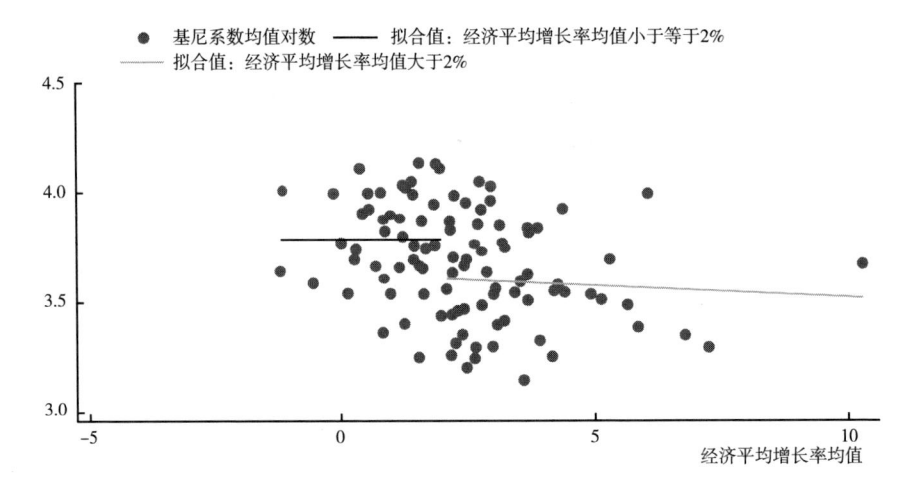

图 8-5　基尼系数对不同类型国家经济增长率的影响

资料来源：作者根据 QoG 数据整理。

随机变量的方差跟它的水平或规模有关。比如，假设随机变量 x 的方差是 σ^2，那么，λx 的方差就是 $\lambda^2 \sigma^2$。这意味着，采用不同的尺度来衡量经济增长率会改变一国经济的波动程度，同时，这也意味着经济增长率高的国家"天然"有更高的经济波动程度。这不合理。比如，假设 A 国平均经济增长率为 10%，B 国平均经济增长率为 1%，受到经济危机影响，A 国经济增长率降为 9%，B 国降为 0.9%。如果用方差来计算波动程度，A 国要大于 B 国，A 国经济更不稳定。这种判断意义何在？A 国经济看起来更不稳定，但由于它增长速度较快，即使在危机期间下降的幅度更大，外界一般还是更看好 A 国经济。

为了消除规模对经济波动的影响，本节采用变异系数来衡量经济波动程度。假设变量 x 均值为 $E[x]$，方差为 $Var[x]$，则变异系数为 $\sqrt{Var[x]}/E[x]$。但本书使用这个定义会遇到一个困难：本章第三节指出，有 14 个国家或地区经济平均增长率为负，即 $E[x]<0$，这些国家的变异系数为负值，或者经济波动程度为负值。负的经济波动很难被人理解，这也是本书最初不采用变异系数反而采用方差

作为主回归方程被解释变量的一个原因。本书需要先排除这 14 个异常值，然后才能使用变异系数衡量经济波动程度。图 8-6 表示的是在排除异常值及用变异系数衡量经济波动后，不平等与经济增长、经济波动的关系。结果显示，至少在相关性上，它们之间的表现和本书的理论预测一致，同时，图 8-6 与图 8-3、图 8-4 也是高度接近。这说明，异常值可能对结果的影响不大。

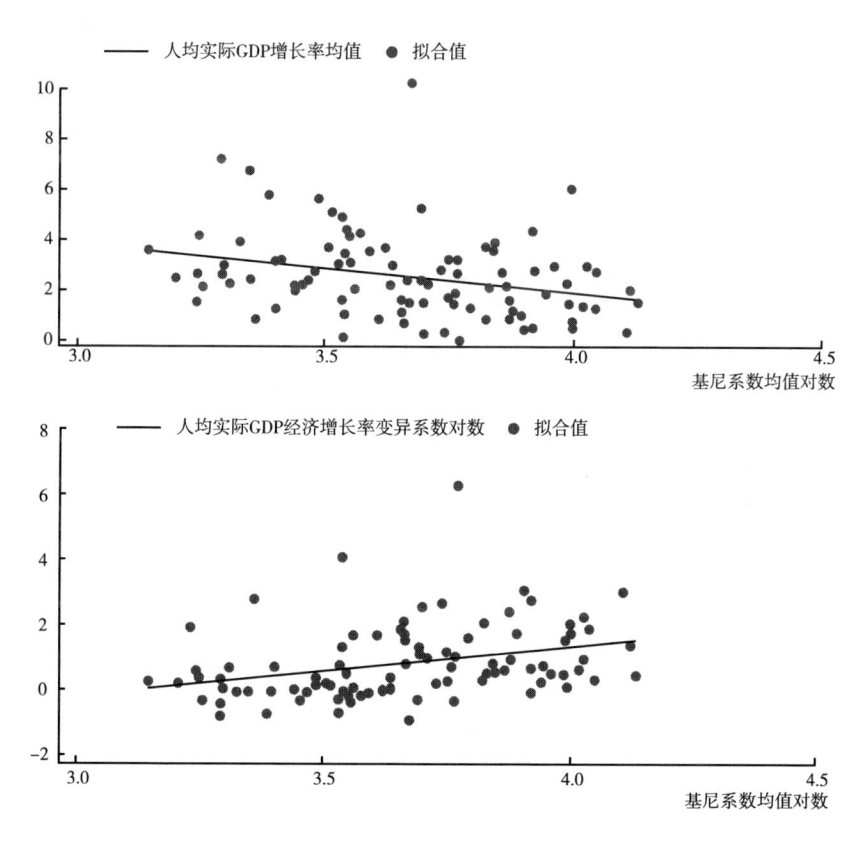

图 8-6　基尼系数和经济增长、经济波动（变异系数）

资料来源：作者根据 QoG 数据整理。

表 8-5 显示了采用变异系数衡量经济波动及排除异常值之后的回归结果。回归方法是稳健最小二乘法。需要说明的是，与表 8-3、表 8-4 相比，回归中观测值减少的数量少于 14 个。这是因为，虽

然有14个国家的平均经济增长率低于0，但由于部分国家缺乏其他变量的数据，因此，它们并不全是有效数据。第2列显示了不平等对经济增长的影响。结果仍然符合宏观增长模型的预期和本书的理论判断。第3~4列显示了不平等对经济波动的影响。结果仍然符合预期。但值得注意是，第4列的回归结果显示，增加税收和补助占GDP的比例有助于降低经济波动程度。这个结论符合常识。理由如下：（1）在凯恩斯学派当中，税收本身就有经济稳定器的功能；（2）在贝斯利等人的研究中，税收是衡量国家能力的重要标准。[106] 国家能力强，也有助于经济稳定。但表8-3、表8-4中的回归结果与之不同，表明这个结果并不稳健，还需要进一步挖掘。

表8-5 采用变异系数衡量经济波动及排除异常值后的回归结果

变量	$\ln\bar{g}$	$\ln\sigma_g^2$	
$\ln\bar{\vartheta}$	-1.22*	1.57***	1.3***
	(-1.95)	(4.42)	(3.32)
$\ln\bar{n}$	-0.06		
	(-0.38)		
$\ln\bar{s}$	1.30***		
	(4.16)		
$\ln y_{1970}$	-0.28*		
	(-1.73)		
$\ln\bar{\tau}$			-0.36**
			(-2.29)
去掉异常值	是	是	是
观测值	90	100	78
F值	15.85	19.56	14.63
调整后的 R^2	0.31	0.12	0.16

资料来源：PWT和QoG。

三 不同的初始年份

增长回归方程（8-2）需要初始年份的信息，在表8-3、

表 8-4、表 8-5 的回归中，本书采用 1970 年作为经济的初始年份。这有助于最大化利用数据信息，但也带来了一个问题，在数据库中，部分国家的经济最早初始年份是 1950 年，在计算人均实际 GDP 增长率时，$E[g_i]$，会用到 1970 年的信息。如果采用 1970 年作为初始年份，1970 年的实际 GDP 信息可能不是人均实际 GDP 增长率均值的前定变量（predetermined variable），这可能和增长回归方程（8-2）式的要求不符。本书采用两种方法来克服这个问题。(1) 采用不同的年份作为经济的初始年份。假设 T_i 表示模型规定的经济初始年份，则 $T_i = T_j$，i,j 表示国家。这样做有利于比较，也容易损失信息。(2) 找出所有国家人均实际 GDP 数据出现在数据库中的初始年份。假设一国有效数据起始年份为 $\tilde{T}_i$，则 $T_i = \tilde{T}_i$。大多数情况下，$\tilde{T}_i \neq \tilde{T}_j$。这样做在技术上有一点难度，但也有两个好处。首先，数据齐全，不会损失信息。其次，找出的初始年份数据是真正的前定变量。这是因为，如果国家 i 有人均实际 GDP 数据记录的年份是 t，那么，该国有人均实际 GDP 增长率记录的年份最早为 $t+1$。因此，第 t 年的人均实际 GDP 必然是第 $t+1$ 年人均实际 GDP 增长率的前定变量。

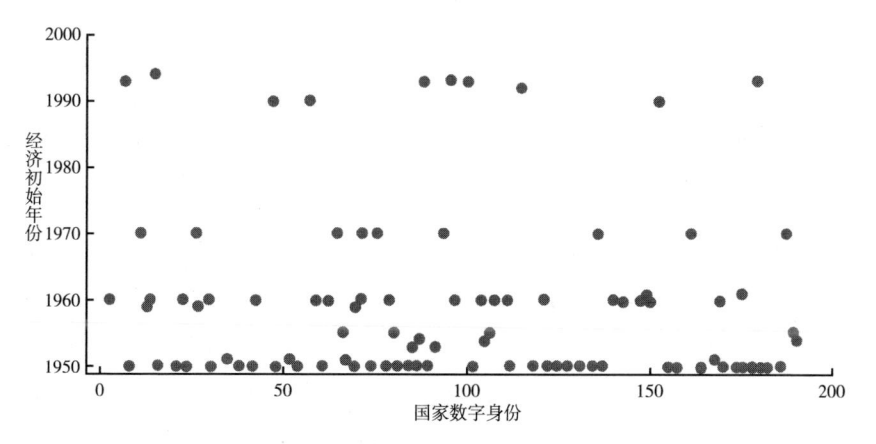

图 8-7 具有有效数据的各国经济初始年份

资料来源：作者根据 QoG 数据整理。

图 8-7 描述了具有有效数据的各国初始经济年份。横轴是国家的数字身份，纵轴是年份。一个国家具有有效数据的初始经济年份越早，表明该国的数据记录越完整。相反，具有有效数据的初始经济年份越晚，该国的数据缺失越严重。可以看出，不到一半的国家在 1950 年就有人均实际 GDP 的记录，这些主要是发达国家，因为完成国家的经济统计需要一定的经济能力。大约有 80 多个国家在 1960 年有经济记录，大约有 90% 的国家在 20 世纪 70 年代有经济记录，少数国家直到 20 世纪 90 年代以后才有经济记录。

表 8-6 显示了采用不同初始年份的回归结果。我们注意到只有增长回归方程（8-1）才有初始年份经济水平，经济波动方程（8-5）与经济初始水平无关，因此，第 2~8 列的回归是增长回归方程（8-1）的结果。第 2 列的初始年份是 1950 年。这是因为有效经济数据的最早起始年份是 1950 年。第 3~7 列初始年份依次增加 5 年。结果显示，不平等对经济增长的影响符合预期，但并不稳健。1970 年之前，不平等的影响不太显著，1970 年之后，影响显著且较为稳定。可能的解释是：（1）在 20 世纪 70 年代之前，全世界经济处在一个恢复发展时期，特别是发达国家，注重经济政策的有效性，经济增长较快；（2）如图 8-8 所示，世界各国接受了二战的教训，不平等程度整体下降。二者相加，使经济增长的直接决定因素如投资、初始水平对增长的影响较为显著，而影响增长的间接因素如不平等的影响不太明显。20 世纪 70 年代以后，西方国家进入滞涨时期，同时，不平等程度也在上升。在西方国家经济政策失效的情况下，不平等对经济增长的影响显得相对突出。第 8 列显示了选择各国有效经济数据初始年份作为起点的回归结果。结果显示，不平等对长期经济增长有显著的负面影响。相对于第 2~7 列的回归结果，这个结果更为稳健。因为：（1）第 8 列的回归包含了最多的数据量；（2）第 8 列的初始年份人均实际 GDP 对数是被解释变量真正的前定变量，在常规设定下，甚至可以被认为是外生变量。

表8-6 采用不同初始年份的回归结果

变量	$\ln \bar{g}$						
	1950年	1955年	1960年	1965年	1975年	1980年	特定
$\ln \bar{\vartheta}$	-0.67	-1.65*	-0.91	-0.87	-1.17*	-1.16*	-1.52**
	(-1.17)	(-1.86)	(-1.31)	(-1.31)	(-1.87)	(-1.86)	(2.49)
$\ln \bar{n}$	-0.63***	-0.43*	-0.35	-0.34	-0.04	0.01	-.28
	(-3.01)	(-1.91)	(-1.36)	(-1.38)	(-0.23)	(-0.08)	(-1.24)
$\ln \bar{s}$	1.2***	1.4***	1.5***	1.52***	1.23	1.09***	1.11***
	(3.41)	(4.14)	(5.23)	-5.49	-3.93	-3.58	(3.62)
$\ln y_{1970}$	-0.69***	-0.74***	-0.5***	-0.46***	-0.18	-0.03	-.41**
	(-4.88)	(-4.52)	(-2.99)	(-2.7)	(-1.16)	(-0.17)	(-2.27)
去掉异常值	是	是	是	是	是	是	是
观测值	43	57	79	81	90	90	100
F值	18.98	19.36	30.7	30.69	15.74	15.73	11.08
调整后的R^2	0.59	0.45	0.42	0.42	0.29	0.28	0.21

注：括号为t值；*** 表示 $p<0.01$，** 表示 $0.01 \leq p < 0.05$，* 表示 $0.05 \leq p < 0.1$。
资料来源：PWT 和 QoG。

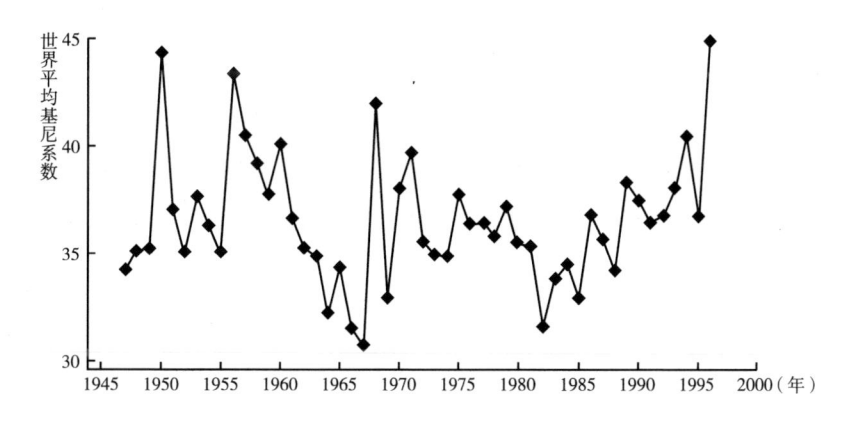

图8-8 世界基尼系数均值

资料来源：作者根据 QoG 数据整理。

四 其他方式衡量不平等

在上文当中,本书用 ds_gini 变量衡量各国的经济不平等程度,ds_gini 变量来自 QoG 数据库,① 最早来自德宁格和史奎瑞的工作。[109]利用 ds_gini 变量和其他数据,本书验证了第四、五章的理论预测。那么,如果用其他变量衡量不平等,上述结论还成立吗?有鉴于此,本节增加了其他方式衡量不平等的计量检验。

表 8-7 显示了其他方式衡量不平等的回归结果。其中,lis_gini、lis_9010、lis_8020 变量来自卢森堡收入研究子数据库(Luxembourg Income Study,LIS),② uw_gini 来自世界收入不平等子数据库(UNU-WIDER,World Income Inequality Database)。③ lis_gini、uw_gini 是常规的基尼系数,与 ds_gini 的差别只是数据来源不同。lis_9010 的含义是收入最高的 10% 人口与收入最低的 10% 人口收入之比,lis_8020 的含义与之类似,这两个指标常用来描述"顶端阶层"的收入情况。回归结果显示如下。(1)用 lis_gini、lis_9010、lis_8020 衡量的不平等对经济增长和经济稳定性都没有显著的影响。造成此结论的一个可能的原因是数据样本较少。LIS 子数据库样本主要涵盖发达国家或地区,这些国家的经济不平等程度相对较轻,对经济影响有限。(2)用 uw_gini 衡量不平等的回归结果符合预期。其原因可能是样本量较大,第 9 列显示,有效样本量为 100 个,和 ds_gini 持平。在样本量足够的情况下,不平等对经济的影响能够得到体现。

---

① 见 QoG 解释文件,The QoG Social Policy Dataset Codebook,November 4,2008,P. 65。
② 见 QoG 解释文件,The QoG Social Policy Dataset Codebook,November 4,2008,P. 74-75。
③ 见 QoG 解释文件,The QoG Social Policy Dataset Codebook,November 4,2008,P. 81。

表 8-7 其他方式衡量不平等的回归结果

变量	$\ln\bar{g}$	$\ln\sigma_g^2$	$\ln\bar{g}$	$\ln\sigma_g^2$	$\ln\bar{g}$	$\ln\sigma_g^2$	$\ln\bar{g}$	$\ln\sigma_g^2$
	lis_gini	lis_gini	lis_9010	lis_9010	lis_8020	lis_8020	uw_gini	uw_gini
$\ln\bar{\vartheta}$	1.17	0.49	0.65	0.36	1.08	0.39	-2.85***	1.81***
	(1.5)	(0.9)	(1.19)	(0.94)	(1.33)	(0.65)	(-3.95)	(4.86)
$\ln\bar{n}$	-0.3*		-0.32*		-0.33*		-0.05	
	(-1.87)		(-1.82)		(-1.88)		(-0.24)	
$\ln\bar{s}$	3.2***		3.14***		3.17***		1.07***	
	(4.63)		(4.33)		(4.43)		(3.56)	
$\ln y_{1970}$	-0.39**		-0.41**		-0.41**		-0.49***	
	(-2.16)		(-2.36)		(-2.32)		(-2.91)	
$\ln\bar{\tau}$		-0.06		0.01		-0.08		-0.27**
		-0.28		0.04		(-0.27)		(-2.14)
去掉异常值	是	是	是	是	是	是	是	是
观测值	24	24	24	24	24	24	100	100
F 值	20.32	1.74	19.16	2	19.62	1.5	18.64	18.12
调整后的 R^2	0.73	0.08	0.71	0.09	0.72	0.25	0.26	0.22

注释：括号为 t 值；*** 表示 $p < 0.01$，** 表示 $0.01 \leqslant p < 0.05$，* 表示 $0.05 \leqslant p < 0.1$。

资料来源：PWT 和 QoG。

第七节 小结

本章利用 PWT 和 QoG 数据库的跨国面板数据，用基尼系数衡量一国或地区的不平等，借助宏观增长回归计量模型，检验不平等对经济增长和经济波动的影响。

最小二乘法的回归结果显示，基尼系数增加 1 个百分点，经济短期增长减少 1.21 个百分点，经济波动增加 1.22 个百分点。分位数回归的结果显示，不平等对发达国家的经济增长影响比较明显，对落后国家的影响相对有限。发达国家的不平等程度增加 1 个百分点，经济短期增长下降 1.69 个百分点。另外，不平等对所有国家的经济波动都有显著的正向影响。不平等程度增加 1 个百分点，0.25 分位、0.5 分位、0.75 分位国家的经济波动分别增加 1.47 个、1.45 个和 1.35 个百分点。

本章以 1950 年、1955 年、1960 年、1965 年、1975 年、1980 年等作为初始年份，以检验不同时间段上不平等的影响。研究发现，即使选取不同的初始年份，不平等的影响仍然广泛存在，尽管其影响的程度有所差别。

为消除异常值和测量误差的影响，本章采用变异系数、9010 收入比（即前 10% 与后 10% 的收入之比）及其他数据库的基尼系数作为不平等的代理变量。研究发现，在观测样本较为充足的情况下，不平等的影响仍然显著且符合预期。但若样本不足，不平等的影响便不明显。

第九章 不平等的经济后果与马克思的理论预测相符

第一节 不平等增加会显著降低经济增长率，加剧经济波动程度

本书对马克思的经济危机理论进行了研究和拓展，主要内容包括理论研究和实证研究两个方面。

理论方面主要研究了马克思的两个模型。一是生产力和消费力的关系模型。我们借助"非齐次偏好"理论，通过小众市场和大众市场的矛盾来研究不平等的影响。我们发现，不平等有助于培育小众市场，刺激企业创新，但损害大众市场的规模，不利于提升劳动者的生产率。两者的矛盾可能导致经济不稳定。二是两部类模型。我们借助有限理性模型来研究两部类平衡的可能性。我们发现，在信息有限、能力有限的情况下，企业可能会采取适应性学习或随机选择的运行方式，这会导致企业产出波动，影响经济稳定。

在实证研究部分，本书利用跨国面板数据，在宏观增长回归模型的基础上，研究了不平等的经济后果。我们发现，不平等增加会显著降低经济增长率，加剧经济的波动程度。这些结论和马克思的理论预测相符。

第二节 本研究的不足与展望

本书在马克思经济危机理论的现代化、数学化方面进行了一些

尝试，试图在马克思经济危机理论研究的形式化和规范化方面作出一些微薄的贡献。由于作者能力有限，本书还存在一些不足，有待进一步研究，主要体现在以下几个方面。

第一，关于生产力和消费力模型。本书用"非齐次偏好"理论来刻画马克思的生产力和消费力模型，并取得了预期的结果。但遗憾的是，本书所用的框架仍然是一般均衡框架。这实际上和马克思的非均衡框架有一定的差距。在非均衡框架下刻画马克思的理论洞见，这是作者未来努力的一个方向。

第二，关于两部类模型。本书在有限理性的假设下，利用适应性学习和随机选择模型，揭示了资本主义经济结构的不稳定性。但遗憾的是，本书只研究了企业之间的相互需求，且认为消费者或资本家的收入只来源于某一类企业，这和现实世界中收入来源多样化并不完全相符。更加丰富地刻画消费者、企业的行为，这也是作者未来努力的一个方向。

第三，关于实证模型。本书利用跨国面板数据，检验了马克思关于不平等经济后果的预测。但遗憾的是，目前学术界关于不平等的数据不够充分，因此本书的实证策略不够丰富。继续跟踪各国的经济不平等数据，深化本书的实证研究，这也是作者未来努力的方向。

参考文献

[1] Piketty T., *Capital in the Twenty-First Century*, Translated by Goldha-mmer（US：Harvard University Press，2014）.

[2] Barro R.，"Rare Disasters and Asset Markets in the Twentieth Century," *Quarterly Journal of Economics* 121（2006）.

[3]《资本论》（第三卷），中央编译局译，人民出版社，1975。

[4] 鲁比尼和米姆：《危机经济学》，巴曙松等译，万卷出版公司，2010。

[5] Atkinson A. and Morelli S., Economic Crises and Inequality Working Paper，2011.

[6] Piketty T. and Saez E.，"Inequality in the Long Run," *Science* 344（2014）.

[7] Aghion P. and P. Howitt, *Endogenous Growth Theory*（US：The MIT Press，1999）.

[8] 贺大兴：《不平等、消费不足与内生经济周期》，《浙江社会科学》2015 年第 6 期。

[9] 郑慧：《中西平等思想的历史演进与差异》，《武汉大学学报》2004 年第 5 期。

[10] 刘树成等：《马克思主义政治经济学概论》，人民出版社，2011。

[11] 陈岱孙：《从古典经济学派到马克思——若干主要学说发展略论》，上海人民出版社，1981。

[12]《资本论》(第二卷),中央编译局译,人民出版社,1975。

[13] 西斯蒙第:《政治经济学新原理》,何钦译,商务印书馆,1983。

[14] 王镜芝:《国家预算在国民收入分配中的作用》,《财政》1957年第5期。

[15] 吴沪生、陈治钧、何俊祥:《农业社收入分配核算问题的研究》(上),《财经研究》1957年第4期。

[16] 吴沪生、陈治钧:《农业社收入分配核算问题的研究》(下),《财经研究》1958年第1期,第46~53页。

[17] 王琢:《关于社会主义分配理论的若干问题》,《学术研究》1962年第5期。

[18] 任农:《论人民公社的收入分配》,《前线》1963年第3期。

[19] 梁尚敏:《试论我国国营工业企业收入的分配》,《中南财经政法大学学报》1979年第2期。

[20] 赵人伟:《劳动者个人收入分配的若干变化趋势》,《经济研究》1985年第3期。

[21] 赵人伟:《对当前收入分配不公问题的几点看法》,《经济研究》1989年第12期。

[22] 杨小凯:《社会经济发展的重要指标——基尼系数》,《武汉大学学报》(社会科学版)1982年第6期。

[23] 杨木生:《基尼系数在分析收入分配中的应用》,《山西财经学院学报》1982年第3期。

[24] 赵学增:《关于我国劳动者工资(工分)分配的洛伦茨曲线和基尼系数的考察》,《天津财经大学学报》1982年第4期。

[25] 赵人伟:《我国转型期中收入分配的一些特殊现象》,《经济研究》1992年第1期。

[26] 王中保、程恩富:《马克思主义经济危机理论体系的构成与发展》,《经济纵横》2018年第3期。

［27］裴小革:《经济危机相关理论的历史透视》,《经济学动态》2016年第3期。

［28］刘鹤:《两次全球大危机的比较研究》,中国经济出版社,2013。

［29］裴小革:《新自由主义与资本主义经济危机》,《理论探讨》2015年第3期。

［30］李良栋:《论经济自由与增幅调控的关系》,《中共中央党校学报》2009年第4期。

［31］杨静、张开:《劳动与资本、政府与市场关系的再认识》,《中国特色社会主义研究》2014年第5期。

［32］高放:《从世界经济危机看社会主义前景》,《科学社会主义》2009年第3期。

［33］《胡锦涛文选》（第三卷）,人民出版社,2016。

［34］中共中央文献研究室编《习近平关于社会主义经济建设论述摘编》,中央文献出版社,2017。

［35］中共中央宣传部:《习近平新时代中国特色社会主义思想三十讲》,学习出版社,2018。

［36］樊纲:《全球化中的不平等问题:亚洲经济危机的教训及政策含义》,《经济研究参考》2000年第30期。

［37］陈志刚:《金融危机与收入分配:影响渠道分析和中国的启示》,《中南民族大学学报》（人文社会科学版）,2007年第4期。

［38］孙伊然:《美国金融危机的政治经济学解读》,《世界经济研究》2009年第7期。

［39］赵奉军、高波:《全球金融危机:收入分配视角的解读》,《世界经济研究》2010年第1期。

［40］赵海波、时学成、殷阿娜:《美国高收入阶层收入份额增长与经济后果》,《未来与发展》2012年第4期。

[41] 董敏杰、梁咏梅：《"拉美模式"历史根源和不平等的长期影响》，《改革》2014年第10期。

[42] 申唯正、李成彬：《反思"新蒙昧主义"金融范式——金融叙事属性背后的危机与不平等》，《海南大学学报》（人文社会科学版）2016年第6期。

[43] 朱奎：《经济危机的收入不平等效应》，《马克思主义研究》2016年第10期。

[44] 杨飞：《收入不平等、信贷膨胀与金融危机》，《财政科学》2016年第9期。

[45] 郭新华、唐荣、伍再华：《收入不平等与私人债务对金融稳定性的影响》，《云南财经大学学报》2016年第6期。

[46] Quadrini V. and Rios-Rull J. , "Inequality in Macroeconomics," chapter 14 in *Handbook of Income Distribution*, edited by Atkinson A. and Bourguignon F. UK：Elesvier（2015）.

[47] Chatterjee S. , "Transitional Dynamics and the Distribution of Wealth in a Neoclassical Growth Model," *Journal of Public Economics* 54（1994）.

[48] Caselli F. and Ventura J. , "A Representative Consumption Theory of Distribution," *American EconomicReview* 90（4）（2000）.

[49] Alvaredo A. , Atkinson A. , Piketty T. and Saze E. , "The Top 1 Percent in International and Historical Perspective," *Journal of Economic Perspectives* 27（3）（2013）.

[50] Atkinson A. , Piketty T. and Saez E. , "Top Incomes in the Long Run of History," *Journal of Economic Literature* 49（1）（2011）.

[51] Piketty T. , "On The Long Run Evolution of Inheritance：France 1820 – 2050," *Quarterly Journal of Economics* 126（2011）.

[52] Piketty T. and Zucman G. , "Capital is Back," *Quarterly Journal of Economics* 129（3）（2014）.

［53］ Piketty T., "Putting Distribution Back at the Center of Economics: Reflections on 'Capital in theTwenty-First Century'," *Journal of Economic Perspectives* 29（1）（2015）.

［54］ Piketty T., "About Capital in the Twenty FIrst Century," *American Economic Review* 105（5）（2015）.

［55］ Jones C. Pareto and Piketty "The Macroeconomics of Top Income and Wealth Inequality," *Journal of Economic Perspectives* 29（1）（2015）.

［56］ Mankiw G., "Yes, $r > g$. So What?" *American Economic Review* 105（5）（2015）.

［57］ Rowthorn R., "A Note on Piketty's Capital in the Twenty First Century," *Cambridge Journal of Economics* 38（2014）.

［58］ Fujita Y., "Missing Equation in Piketty's r-g Theory," *Letters Economics and Business Letters* 4（2）（2015）.

［59］ Acemoglu D., "Technical Change, Inequality, and the Labor Market," *Journal of Economic Literature* 40（1）（2002）.

［60］ 程伟礼、马庆：《中国一号问题：当代中国生态文明问题研究》，上海：学林出版社，2012。

［61］ Altug S., "Business Cycles: Fact, Fallacy, and Fantasy," *World Scientific* (2010).

［62］ Rebelo S., "Real Business Cycle Models: Past, President and Future," *Scandinavian Journal of Economics* 107（2）（2005）.

［63］ Stadler G., "Real Business Cycles," *Journal of Economic Literature* 32（4）（1994）.

［64］ Kehoe T. and Prescott E., "Great Depressions of the 20th Century," *Review of Economic Dynamics* 5（2002）.

［65］ Kehoe T. and Prescott E., Using the General Equilibrium Model to Study Great Depressions: A Reply to Temin, Working Paper, 2008.

[66] Matsuyama K., "Growing through Cycles in an Infinitely Lived Agent Economy," *Journal of Economic Theory* 100 (2001).

[67] Romer P., "Increasing Returns and Long-Run Growth," *Journal of Political Economy* 94 (5) (1986).

[68] Evans G., Honkapohja S. and Romer P., "Growth Cycles," *American Economic Review* 88 (3) (1998).

[69] Eagly R., "A Macro Model of the Endogenous Business Cycle in Marxist Analysis," *Journal of Political Economy* 80 (3) (1972).

[70] Lim M. and EE K., "From Marx to Morgan Stanley: Inequality and Financial Crisis," *Development and Change* 42 (2011).

[71] Lindquist M., "Capital-skill Complementarity and Inequality over the Business Cycle," *Review of Economic Dynamics* 7 (2004).

[72] Wisman J., "The Financial Crisis of 1929 Reexamined: The Role of Soaring Inequality," *Review of Political Economy* 26 (3) (2014).

[73] Wisman J., "Wage Stagnation, Rising Inequality and the Financial Crisis of 2008," *Cambridge Journal of Economics* 37 (2013).

[74] Stockhammer E., "Rising inequality as a cause of the present crisis," *Cambridge Journal of Economics* 39 (2015).

[75] Kumohof M, Ranciere R. and Winant P., "Inequality, Leverage and Crises," *American Economic Review* 105 (3) (2015).

[76] Bordo M., Meissner C., "Does Inequality lead to a Financial Crisis," *Journal of International Money and Finance* 31 (2012).

[77] Rhee D. and Kim H., "Does Income Inequality Lead to Banking Crises in Developing Countries? Empirical Evidence from Cross-country Panel Data," *Economic Systems* 42 (2018).

[78] Perugini C., Holscher J. and Collie S., "Inequality, Credit and Financial Crises," *Cambridge Journal of Economics* 40 (2016).

［79］ Kirschenmann K., Malinen T. and Nyberg H., "The Risk of Financial Crises: Is There a Role for Income Inequality?" *Journal of International Money and Finance* 68 （2016）.

［80］ Bellettini G. et al., "Income Inequality and Banking Crises: Testing the Level Hypothesis Directly," *Journal of Macroeconomics* （2018）.

［81］ Dimelis S. and Livada A., "Inequality and Business Cycles in the U.S. and European Union Countries," *International Advances in Economic Research* 5（3）（1999）.

［82］ Agnello L. and Sousa R., "How do banking crises impact on income inequality?" *Applied Economics Letters* 19（2012）.

［83］ Cowell F., "Measurement of Inequality," Chapter 2 in *Handbook of Income Distribution*, Edited by Atkinson, Elsevier （2000）.

［84］ Cowell F., *Measuring Inequality* （UK: Oxford University Press, 2011）.

［85］ Villar A., *Lectures on Inequality, Poverty and Welfare* （Springer, 2017）.

［86］ Bourguignon F. and Morrisson C., "Inequality Among World Citizens: 1820-1992," *American Economic Review* 92（4）（2002）.

［87］ Kydland F., *Business Cycle Theory, An Elgar Reference Collection* （US: Bookfield, 1995）.

［88］ Foellmi R. and Zweimuller J., "Income Distribution and Demand-Induced Innovations," *Review of Economic Studies* 73（4）（2006）.

［89］ Acemoglu D., *Introduction to Modern Economic Growth* （US: The MIT press, 2009）.

［90］ Bertola G., Foellmi F. and Zweimuller J., *Income Distribution in Macroeconomic Models* （US: The Princeton University Press, 2006）.

[91] Maslow A., "A Theory of Human Motivation," *Psychological Review* 50 (1943).

[92] Matsuyama K., "The Rise of Mass Consumption Societies," *Journal of Political Economy* 110 (5) (2002).

[93] Acemoglu D. and J. A. Robinson, "A Theory of Political Transitions," *American Economic Review* 91 (4) (2001).

[94] Ogaki M. and Tanaka S., *Behavioral Economics* (Springer, 2017).

[95] Mas-Colell, Whinston M. and Green J., *Microeconomic Theory* (US: Oxford University Press, 1995).

[96] Basov S., *Social Norms, Bounded Rationality and Optimal Contracts* (Springer, 2016).

[97] Farmer J. and Foley D., "The Economy Needs Agent-based Modelling," *Nature* 460 (2009).

[98] Onozaki T., *Nonlinearity, Bounded Rationality, and Heterogeneity* (Springer, 2018).

[99] Munro A. *Bounded Rationality and Public Policy* (Springer, 2009).

[100] Mankiw G., Romer D. and Weil D., "A Contribution to the Empirics of Economic Growth," *Quarterly Journal of Economics* 107 (2) (1992).

[101] Durlauf S., Johnson P. and Temple J., "Growth Econometrics," Chapter 8 in *Handbook of Economic Growth*, Edited by Aghion and Durlauf, Elsevier (2005).

[102] Claessens S., et al., *Financial Crises: Causes, Consequences, and Policy Responses* (US: IMF, 2013).

[103] Greene W., *Econometric Analysis* (US: Printice Hall, 2011).

[104] Alesina A. and D. Rodrik, "Distributive Politics and Economic Growth," *Quarterly Journal of Economics* 109 (2) (1994).

[105] Panizza U., "Income Inequality and Economic Growth:

Evidence from American Data," *Journal of Economic Growth* 7 (2002).

[106] Besley T. and Persson T., "State Capacity, Conflict, and Development," *Econometrica* 78 (1) (2010).

[107] Koenker R., *Quantile Regression* (US: Cambridge University Press, 2005).

[108] Koenker R. and Gilbert Bassett G., "Regression Quantiles," *Econometica* 46 (1) (1978).

[109] Deininger K. and Squire L., "A New Data Set Measuring Income Inequality," *The World Bank Economic Review* 3 (1996).

附录 A 第二章相关公式的推导

关于（2-3）式

假设生产函数为 $Y_t = F(K_t, L_t)$，其中 K_t 为资本，L_t 为劳动。如果生产函数满足一次齐次性，即 $\lambda Y_t = F(\lambda K_t, \lambda L_t)$，$\lambda > 0$，则有 $Y_t = r_t K_t + w_t L_t$，其中 r_t 为利率，w_t 为工资。两边同除以 L_t，有 $y_t = r_t k_t + w_t$，其中 $y_t = Y_t / L_t$ 为人均产出，$k_t = K_t / L_t$ 为人均资本。结合第 $t+1$ 的人均产出，有

$$w_{t+1} - w_t = (y_{t+1} - y_t) - (r_{t+1} k_{t+1} - r_{t+1} k_t + r_{t+1} k_t - r_t k_t) \tag{A-1}$$

令 $g_{wt} = (w_{t+1} - w_t)/w_t$，$g_t = (y_{t+1} - y_t)/y_t$，有

$$g_{wt} = g_t \frac{y_t}{w_t} - r_{t+1} \frac{\Delta k_t}{k_t} \frac{k_t}{w_t} - \Delta r_t \frac{k_t}{w_t} \tag{A-2}$$

附录 B 第四章相关公式的推导

第一节 第四章第二节相关公式的推导

一 关于（4-2）式

根据正文的叙述，当个体 i 在第 t 期消费的商品种类为 N_{ijt} 时，个体的偏好表示为 $u(\{c_{ijt}\}) = \int_0^{N_{ijt}} j^{-\gamma} c_{ijt} dj = [j^{1-\gamma}/(1-\gamma)]_0^{N_{ijt}} = N_{ijt}^{1-\gamma}/(1-\gamma)$，即（4-2）式。

二 关于本书中不平等的衡量方式

本书第四章第二节假设富人与穷人当期收入和净财富之和的比值为 ϑ，并认为 ϑ 越大，经济不平等程度越高。如果经济不平等用绝对离差（即最大值减最小值）来衡量，那么这个结论显然成立。如果用方差、变异系数来衡量，结论也一样。方差和变异系数为

$$\mathrm{Var}(\vartheta) = \lambda + (1-\lambda)\vartheta^2 - [\lambda + (1-\lambda)\vartheta]^2 = \lambda(1-\lambda)(\vartheta-1)^2$$

$$\frac{\sqrt{\mathrm{Var}(\vartheta)}}{\lambda + (1-\lambda)\vartheta} = \sqrt{\frac{\lambda}{1-\lambda}}\left[1 - \frac{1}{\lambda + (1-\lambda)\vartheta}\right]$$

在 $\vartheta \in [1,\infty)$ 范围内是 ϑ 的增函数，但基尼系数并不能保证单调性。基尼系数为

$$\mathrm{Gini} = \frac{|(1-\lambda)\vartheta - \lambda|}{2[\lambda + (1-\lambda)\vartheta]}$$

只有在 $(1-\lambda)\vartheta > \lambda$ 或者 $\vartheta > \lambda/(1-\lambda)$ 时才能保证单调性。

图 B-1 描述了 ϑ 与不平等的关系。参数为 $\lambda = 0.7$，$\vartheta = [1,100]$。可以看出，方差和变异系数都单调递增，但基尼系数呈现先下降后上升的趋势，转折点是 $\vartheta^* = \lambda/(1-\lambda) = 0.7/0.3 \approx 2.33$。

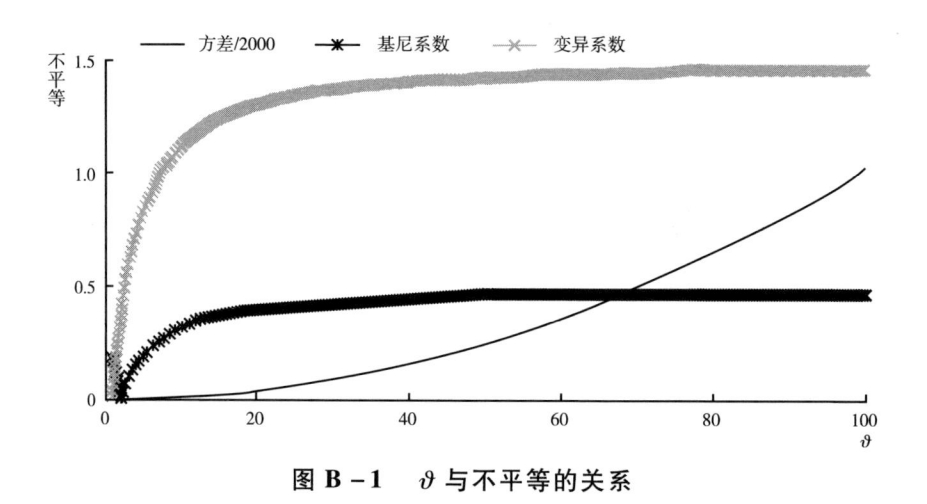

图 B-1 ϑ 与不平等的关系

三 关于 (4-5) 式

构建拉格朗日函数

$$L = \sum_{t=0}^{\infty} \beta^t U(\{c_{ijt}\}) + \mu\Big[\sum_{t=0}^{\infty}\Big(\prod_{s=0}^{t} R_s\Big)^{-1} w_{it} l_{it} + V_{i0} - \sum_{t=0}^{\infty}\Big(\prod_{s=0}^{t} R_s\Big)^{-1}\int_0^{N_t} p_{jt} c_{ijt} dj\Big]$$

对 c_{ijt} 求解一阶条件，可得

$$\beta^t u_{it}^{-\sigma} j^{-\gamma} - \mu p_{jt} \geq 0$$

令 $z_{ijt} = \beta^t u_{it}^{-\sigma} j^{-\gamma}/\mu$。当 $p_{jt} < z_{ijt}$ 时，有 $c_{ijt} > 0$，反之，$c_{ijt} = 0$。根据 c_{ijt} 的定义，即可得到 (4-5) 式。

四 关于 (4-7) 式和 (4-4) 式之间的相互转化

根据正文中的 (4-7) 式，个体的当期预算约束为 $\bar{p}_{it} N_{it} + \bar{V}_{it+1} =$

$(1+r_t)\overline{V}_{it} + w_{it}l_{it} + \pi_{it}$。将等式两边同时除以 $\prod_{s=0}^{t}(1+r_s)$，然后将各期预算约束相加，可得

$$\lim_{t\to\infty}\frac{\overline{V}_{it}}{\prod_{s=0}^{t}(1+r_s)} + \sum_{t=0}^{\infty}\frac{\overline{p}_{it}N_{it}}{\prod_{s=0}^{t}(1+r_s)} = \sum_{t=0}^{\infty}\frac{w_{it}l_{it}}{\prod_{s=0}^{t}(1+r_s)} + \overline{V}_{i0} + \sum_{t=0}^{\infty}\frac{\pi_{it}}{\prod_{s=0}^{t}(1+r_s)}$$

利用非彭奇条件（non-Ponzi condition），有 $\lim_{t\to\infty}\dfrac{\overline{V}_{it}}{\prod_{s=0}^{t}(1+r_s)} = 0$。

令 $V_{i0} = \overline{V}_{i0} + \sum_{t=0}^{\infty}\dfrac{\pi_{it}}{\prod_{s=0}^{t}(1+r_s)}$，即可从正文中当期预算约束（4-7）式导出终生预算约束（4-4）式。

五 关于（4-8）式

假设个体消费的最前沿产品为 N_{it}，则个体的偏好为 $u(N_{it}) = N_{it}^{1-\gamma}/(1-\gamma)$，即期效用函数为 $U(N_{it}) = [N_{it}^{1-\gamma}/(1-\gamma)]^{1-\sigma}/(1-\sigma)$。个体消费决策变为

$$\max \sum_{t=0}^{\infty}\beta^t U(N_{it}) \quad \text{s.t.} \ \overline{p}_{it}N_{it} + \overline{V}_{it+1} = (1+r_t)\overline{V}_{it} + w_{it}l_{it} + \pi_{it}$$

构建拉格朗日函数，$L = \sum_{t=0}^{\infty}\beta^t\{U(N_{it}) + \lambda_t[(1+r_t)\overline{V}_{it} + w_{it}l_{it} + \pi_{it} - \overline{p}_{it}N_{it} - \overline{V}_{it+1}]\}$ 其中 λ_t 为影子价格。对 N_{it} 一阶条件为

$$U'(N_{it}) = \lambda_t \overline{p}_{it}$$

对 $\overline{V}_{it}$ 的一阶条件为

$$\beta\lambda_{t+1}(1+r_{t+1}) = \lambda_t$$

结合两个一阶条件，即得（4-8）式。

第二节　第四章第三节相关公式的推导

一　关于（4-9）式

假设富人对最前沿商品 N_t 的消费价格为 p_t，那么，根据（4-6）式，他对 $N_{\mathrm{I}t}$ 位置的产品的购买意愿为 $p_{\mathrm{II}N_{\mathrm{I}t}} = z_{\mathrm{II}N_{\mathrm{I}t}} = n_t^{-\gamma} p_t$。$N_{\mathrm{I}t}$ 是穷人购买的最前沿商品，此处，厂商对于把产品卖给穷人或富人无差异，因此，有 $\pi_{\mathrm{II}N_{\mathrm{I}t}} = \pi_{\mathrm{I}N_{\mathrm{I}t}}$，即

$$(1-\lambda)(n_t^{-\gamma} p_t - 1) = p_{\mathrm{I}N_{\mathrm{I}t}} - 1$$

即可解得 $p_{\mathrm{I}N_{\mathrm{I}t}} = \lambda + (1-\lambda) n_t^{-\gamma} p_t$。

二　关于（4-10）式

根据正文，用于生产的劳动投入为

$$L_{Yt} = \int_0^{N_t} \frac{b}{N_{\mathrm{I}t-1}} [\lambda c_{\mathrm{I}jt} + (1-\lambda) c_{\mathrm{II}jt}] dj = \frac{b}{N_{\mathrm{I}t-1}} [\lambda N_{\mathrm{I}t} + (1-\lambda) N_t]$$

$$= b \left[\lambda \frac{N_{\mathrm{I}t}}{N_t} \frac{N_t}{N_{t-1}} \frac{N_{t-1}}{N_{\mathrm{I}t-1}} + (1-\lambda) \frac{N_t}{N_{t-1}} \frac{N_{t-1}}{N_{\mathrm{I}t-1}} \right] = b[\lambda n_t + (1-\lambda)] \frac{\Delta_t}{n_{t-1}}$$

研发劳动需求为

$$L_{\mathrm{I}t} = F(N_t - N_{t-1})/N_{t-1} = F(\Delta_t - 1)$$

两者相加，劳动总需求为

$$1 = b[\lambda n_t + (1-\lambda)] \frac{\Delta_t}{n_{t-1}} + F(\Delta_t - 1),$$

即为（4-10）式。

三　关于（4-17）式

富人消费的产品可分为三类：$j \in [0, N_{t-1}]$、$j \in [N_{t-1}, N_{\mathrm{I}t}]$ 和 $j \in$

$[N_{It}, N_t]$。穷人消费的商品可分为两类：$j \in [0, N_{t-1}]$ 和 $j \in [N_{t-1}, N_{It}]$。假设 N_t 处商品的价格为 p_t，根据（4-6）式，$j \in [N_{It}, N_t]$ 商品的价格为 $(j/N_t)^{-\gamma} p_t$。根据（4-9）式，$j \in [N_{t-1}, N_{It}]$ 的商品的价格为 $(j/N_{It})^{-\gamma} [\lambda + (1-\lambda) n_t^{-\gamma} p_t]$。根据本书对新产品垄断期限的设定，$j \in [0, N_{t-1}]$ 的产品价格为 1。因此，穷人的消费支出为

$$\int_0^{N_{It}} p_{jt} c_{Ijt} dj = N_{t-1} + \int_{N_{t-1}}^{N_{It}} [\lambda + (1-\lambda) n_t^{-\gamma} p_t] (j/N_{It})^{-\gamma} dj$$

$$= N_{t-1} + [\lambda + (1-\lambda) n_t^{-\gamma} p_t] N_{It}^{\gamma} \frac{(N_{It}^{1-\gamma} - N_{t-1}^{1-\gamma})}{1-\gamma}$$

富人的消费支出为

$$\int_0^{N_t} p_{jt} c_{IIjt} dj = N_{t-1} + [\lambda + (1-\lambda) n_t^{-\gamma} p_t] N_{It}^{\gamma} \frac{(N_{It}^{1-\gamma} - N_{t-1}^{1-\gamma})}{1-\gamma} + p_t N_t^{\gamma} \frac{N_t^{1-\gamma} - N_{It}^{1-\gamma}}{1-\gamma}$$

稳态时富人的消费支出和穷人的消费支出相除，可得

$$\vartheta = 1 + \frac{p_t N_t^{\gamma} \dfrac{N_t^{1-\gamma} - N_{It}^{1-\gamma}}{1-\gamma}}{N_{t-1} + [\lambda + (1-\lambda) n_t^{-\gamma} p_t] N_{It}^{\gamma} \dfrac{(N_{It}^{1-\gamma} - N_{t-1}^{1-\gamma})}{1-\gamma}}$$

第三节 第四章第五节相关公式的推导

一 关于（4-37）式

令 $f_1(n_t, n_{t-1}) = p(n_{t-1})(1 - n_t^{1-\gamma})$，$f_2(n_t, n_{t-1}) = (1-\gamma)/\Delta(n_t, n_{t-1})$，$f_3(n_t, n_{t-1}) = \lambda n_t + (1-\lambda) n_t^{1-\gamma} p(n_{t-1})$，$f_4(n_t, n_{t-1}) = 1 - (n_t \Delta_t)^{\gamma-1}$，则（4-22）式变为

$$\vartheta = f(n_t, n_{t-1}) = 1 + \frac{f_1(n_t, n_{t-1})}{f_2(n_t, n_{t-1}) + f_3(n_t, n_{t-1}) f_4(n_t, n_{t-1})}$$

不难计算出，当 $\gamma < 1$ 时

$$\frac{\partial f_1}{\partial n_t} = -p(n_{t-1})(1-\gamma)n_t^{-\gamma} < 0 \qquad (B-1)$$

$$\frac{\partial f_2}{\partial n_t} = \frac{\partial f_2}{\partial \Delta_t}\frac{\partial \Delta_t}{\partial n_t} = -\frac{1-\gamma}{\Delta_t^2}\frac{\partial \Delta_t}{\partial n_t} > 0 \qquad (B-2)$$

$$\frac{\partial f_3}{\partial n_t} = \lambda + (1-\gamma)(1-\lambda)n_t^{-\gamma}p(n_{t-1}) > 0 \qquad (B-3)$$

$$\frac{\partial f_4}{\partial n_t} = -(\gamma-1)(n_t\Delta_t)^{\gamma-2}(\Delta_t + n_t\frac{\partial \Delta_t}{\partial n_t}) \qquad (B-4)$$

只要能证明 $\frac{\partial f_4}{\partial n_t} > 0$，则必然有 $\frac{\partial f}{\partial n_t} < 0$。而 $\frac{\partial f_4}{\partial n_t} > 0$，等价于 $\Delta_t + n_t\frac{\partial \Delta_t}{n_t} > 0$。根据 Δ_t 的定义，有

$$\Delta_t + n_t\frac{\partial}{\partial \Delta_t}\partial n_t = \frac{(1+F)n_{t-1}}{Fn_{t-1} + b[\lambda n_t + (1-\lambda)]} - n_t\frac{(1+F)n_{t-1}b\lambda}{\{Fn_{t-1} + b[\lambda n_t + (1-\lambda)]\}^2}$$

$$= (1+F)n_{t-1}\frac{Fn_{t-1} + b[\lambda n_t + (1-\lambda)] - b\lambda n_t}{\{Fn_{t-1} + b[\lambda n_t + (1-\lambda)]\}^2}$$

$$= (1+F)n_{t-1}\frac{Fn_{t-1} + b(1-\lambda)}{\{Fn_{t-1} + b[\lambda n_t + (1-\lambda)]\}^2} > 0$$

这样，便完成了（4-37）式的证明。

二 关于（4-46）式

根据正文，描述周期解的动力系统为

$$\begin{cases} 4(\vartheta-1)n_Hn_L = 4n_L - b(\vartheta+1)n_H^3 + b(\vartheta+1)n_H - 2(\vartheta+1)n_H^2 n_L \\ 4(\vartheta-1)n_Hn_L = 4n_H - b(\vartheta+1)n_L^3 + b(\vartheta+1)n_L - 2(\vartheta+1)n_L^2 n_H \end{cases} \qquad (B-5)$$

令 $n_Hn_L = \psi$，则（B-5）式变为

$$\begin{cases} 4(\vartheta-1)\psi = 4n_L - b(\vartheta+1)n_H^3 + b(\vartheta+1)n_H - 2(\vartheta+1)\psi n_H \\ 4(\vartheta-1)\psi = 4n_H - b(\vartheta+1)n_L^3 + b(\vartheta+1)n_L - 2(\vartheta+1)\psi n_L \end{cases} \qquad (B-6)$$

令 $\psi_1 = 4 + 2(\vartheta+1)\psi - b(\vartheta+1)$，（B-6）式中两式相减，可得

$$b(\vartheta+1)n_H^3 + \psi_1 n_H = b(\vartheta+1)n_L^3 + \psi_1 n_L \qquad (\text{B}-7)$$

令 $x^3 + \dfrac{\psi_1}{b(\vartheta+1)}x + \dfrac{\psi_2}{b(\vartheta+1)} = 0$，则 $(\tilde{n}, n_H, n_L)$ 为其在区间 $(0,1)$ 内的解。令 $P = \dfrac{\psi_1}{b(\vartheta+1)}$，$Q = \dfrac{\psi_2}{b(\vartheta+1)}$，则根据卡达诺（Cardano）公式，解为

$$x_k = \zeta^k \sqrt[3]{-\frac{Q}{2} + \sqrt{\frac{Q^2}{4} + \frac{P^3}{27}}} + \zeta^{2k} \sqrt[3]{-\frac{Q}{2} - \sqrt{\frac{Q^2}{4} + \frac{P^3}{27}}}, k = 0,1,2 \quad (\text{B}-8)$$

其中 $\zeta = -\dfrac{1}{2} + \dfrac{1}{2}\sqrt{3}i$。

根据一元三次方程根的性质，有

$$\tilde{n} + n_H + n_L = 0, \tilde{n}n_H n_L = -\frac{\psi_2}{b(\vartheta+1)} \qquad (\text{B}-9)$$

将（B-9）式代入（B-6）式，有

$$4(\vartheta-1)\psi^2 - \psi_2 \psi - \frac{\psi_2}{b(\vartheta+1)} = 0 \qquad (\text{B}-10)$$

解得

$$\psi = \frac{\psi_2 + \sqrt{\psi_2^2 + 16\dfrac{\psi_2(\vartheta-1)}{b(\vartheta+1)}}}{8(\vartheta-1)} \qquad (\text{B}-11)$$

附录 C 第六章相关公式的推导

第一节 第六章第三节相关公式的推导

一 关于（6-5）式

第 $t+1$ 期的不变资本为 $c_{t+1} = c_t + \gamma_t \delta_t m_t = c_t + \gamma_t \delta_t m v_t$，可变资本为 $v_{t+1} = v_t + (1-\gamma_t)\delta_t m v_t$，资本有机构成为 $\sigma_{t+1} = \dfrac{c_t + \gamma_t \delta_t m v_t}{v_t + (1-\gamma_t)\delta_t m v_t}$。资本有机构成增长率为

$$g_{\sigma,t+1} = \frac{\sigma_{t+1} - \sigma_t}{\sigma_t} = \frac{\dfrac{c_t + \gamma_t \delta_t m v_t}{v_t + (1-\gamma_t)\delta_t m v_t}}{c_t/v_t} - 1$$

$$= \frac{\sigma_t + \gamma_t \delta_t m}{[1+(1-\gamma_t)\delta_t m]\sigma_t} - 1 = \frac{\delta_t m[\gamma_t - (1-\gamma_t)\sigma_t]}{\sigma_t[1+\delta_t(1-\gamma_t)m]}$$

二 关于（6-6）式

企业在第 t 期的产出为 $Y_t = c_t + (1+m)v_t$，在第 $t+1$ 期的产出为 $Y_{t+1} = c_{t+1} + (1+m)v_{t+1}$。因为 $c_{t+1} = c_t + \gamma_t \delta_t m_t = c_t + \gamma_t \delta_t m v_t$，$v_{t+1} = v_t + (1-\gamma_t)\delta_t m v_t$，故

$$g_{t+1} = \frac{Y_{t+1} - Y_t}{Y_t} = \frac{c_t + \gamma_t \delta_t m v_t + (1+m)[v_t + (1-\gamma_t)\delta_t m v_t] - c_t - (1+m)v_t}{c_t + (1+m)v_t}$$

$$= \frac{\delta_t m v_t[\gamma_t + (1-\gamma_t)(1+m)]}{c_t + (1+m)v_t} = \frac{\delta_t m[\gamma_t + (1+m)(1-\gamma_t)]}{\sigma_t + 1 + m}$$

附录 D 第七章相关公式的推导

第一节 第七章第一节相关公式的推导

一 关于 (7-1) 式

根据第六章第三节的假设，我们有 $c_{t+1} = c_t + \delta_t \gamma_t m v_t$，$v_{t+1} = v_t + \delta_t (1 - \gamma_t) m v_t$。因此，资本有机构成为

$$\sigma_{t+1} = \frac{c_{t+1}}{v_{t+1}} = \frac{c_t + \delta_t \gamma_t m v_t}{v_t + \delta_t (1 - \gamma_t) m v_t} = \frac{\sigma_t + \delta_t \gamma_t m}{1 + \delta_t (1 - \gamma_t) m}$$

二 关于命题 7.1 的证明

由 (7-5) 式和 (7-9) 式可知，在 $\sigma_{\mathrm{I},0} = \sigma_{\mathrm{II},0}$ 的假设下，我们有 $\sigma_{\mathrm{I},t} = \sigma_{\mathrm{II},t}$。进一步，我们有两个部门的资本有机构成之比 $S_{\sigma,t+1} = (\sigma_{\mathrm{I},t} + \delta \gamma m)/(\sigma_{\mathrm{II},t} + \delta \gamma m) = S_{\sigma,0}$ 为常数，两个部门的资本之比为 $S_{C,t+1} = C_{\mathrm{I},t}/C_{\mathrm{II},t} = S_{C,0}$ 为常数。

三 图 7-15 的算法实现伪代码

Algorithm 1 两部类模型中经济平衡的可能性

Require: T; N; m; $\delta_{\mathrm{I}} = \mathrm{rand}(N,1)$; $\delta_{\mathrm{II}} = \mathrm{rand}(N,1)$; $\underline{v}_{\mathrm{I}}$; $\gamma_{\mathrm{I}} = \mathrm{rand}(1) \times 1_{N \times T}$; $\gamma_{\mathrm{II}} = \mathrm{rand}(1) \times 1_{N \times T}$; $C_{\mathrm{I}} = \exp[\mathrm{randn}(N,T)]$; $C_{\mathrm{II}} = \exp[\mathrm{randn}(N,T)]$;

$\sigma_{\mathrm{I}} = \exp[\mathrm{randn}(N,T)]$; $\sigma_{\mathrm{II}} = \exp[\mathrm{randn}(N,T)]$;

$\rho_{\mathrm{I}} = \exp[\mathrm{randn}(N,1)]$; $\rho_{\mathrm{II}} = \exp[\mathrm{randn}(N,1)]$; $c_{\mathrm{I}} = C_{\mathrm{I}}\sigma_{\mathrm{I}}/(1+\sigma_{\mathrm{I}})$;

$c_{\mathrm{II}} = C_{\mathrm{II}}\sigma_{\mathrm{II}}/(1+\sigma_{\mathrm{II}})$; $v_{\mathrm{I}} = C_{\mathrm{I}}/(1+\sigma_{\mathrm{I}})$; $c_{\mathrm{II}} = C_{\mathrm{II}}\sigma_{\mathrm{II}}/(1+\sigma_{\mathrm{II}})$;

$v_{\mathrm{II}} = C_{\mathrm{II}}/(1+\sigma_{\mathrm{II}})$;

$D_1 = c_{\mathrm{II}} + \delta_{\mathrm{II}}\gamma_{\mathrm{II}}mv_{\mathrm{II}}$; $S_1 = v_{\mathrm{I}} + (1-\delta_{\mathrm{I}})mv_{\mathrm{I}}$; $\bar{S}_1 = (1-\delta_{\mathrm{I}})mv_{\mathrm{I}}$;

$D_2 = v_{\mathrm{I}} + (1-\delta_{\mathrm{I}})mv_{\mathrm{I}}$; $S_2 = c_{\mathrm{II}} + \delta_{\mathrm{II}}\gamma_{\mathrm{II}}mv_{\mathrm{II}}$ Ensure:

$DS = (D_1 - S_1)/S_1$; $PDS_1 = ((DS < 0.1)\&(DS > -0.1))$

$PDS_1 = [(DS < 0.1)\&(DS > -0.1)]$; $PDS_2 = \mathrm{sum}(PDS_1)/N$

1: for k = 1: N do

2: for i = 2: T do

3: $\gamma_{\mathrm{I}}(k,i) = \min(\max(\gamma_{\mathrm{I}}(k,i-1) - \rho_{\mathrm{I}}(k,1) * (D_1(k,i-1) - S_1(k,i-1))/S_1(k,i-1), 0), 1)$;

4:　　if $D_1(k,i-1) \geqslant S_1(k,i-1)$　then

5:　　　　$v_{\mathrm{I}}(k,i) = v_{\mathrm{I}}(k,i) + \delta_{\mathrm{I}}(k,1) * (1 - \gamma_{\mathrm{I}}(k,i-1)) * m * v_{\mathrm{I}}(k,i-1)$;

$v_{\mathrm{I}}(k,i) = v_{\mathrm{I}}(k,i) + \delta_{\mathrm{I}}(k,1) * (1 - \gamma_{\mathrm{I}}(k,i-1)) * m * v_{\mathrm{I}}(k,i-1)$

$c_{\mathrm{I}}(k,i) = c_{\mathrm{I}}(k,i-1) + \delta_{\mathrm{I}}(k,1) * \gamma_{\mathrm{I}}(k,i-1) * m * v_{\mathrm{I}}(k,i-1)$;

6:　　elseif $D_1(k,i-1) < S_1(k,i-1) \&\& D_1(k,i-1) > \bar{S}_1(k,i-1)$ then

7:　　　　$v_{\mathrm{I}}(k,i) = D_1(k,i-1) - \bar{S}_1(k,i-1)$;

$c_{\mathrm{I}}(k,i) = c_{\mathrm{I}}(k,i-1) + \delta_{\mathrm{I}}(k,1) * m * v_{\mathrm{I}}(k,i-1)$;

8:　　else

$v_{\mathrm{I}}(k,i) = v_{\mathrm{I}} * v_{\mathrm{I}}(k,i-1)$;

$c_{\mathrm{I}}(k,i) = c_{\mathrm{I}}(k,i-1) + \delta_{\mathrm{I}}(k,1) * m * v_{\mathrm{I}}(k,i-1)$;

9:　　endif

10： if $D_2(k, i-1) \geq S_2(k, i-1)$ then
11： $\gamma_{II}(k, i) = \gamma_{II}(k, i-1)$;

$c_{II}(k, i) = c_{II}(k, i-1) + \delta_{II}(k, 1) * \gamma_{II}(k, i-1) * m * v_{II}(k, i-1)$;

$v_{II}(k, i) = v_{II}(k, i-1) + \delta_{II}(k, 10 * [1 - \gamma_{II}(k, i-1)] * m * v_{II}(k, i-1)$;

12： else
13： $\gamma_{II}(k, i) = \max\{\gamma_{II}(k, i-1) + \rho_{II}(k, 1) * [D_2(k, i-1) - S_2(k, i-1)]/S_2(k, i-1), 0\}$;

14： endif
15： $D_1(k, i) = c_{II}(k, i-1) + \delta_{II}(k, 1) * \gamma_{II}(k, i-1) * m * v_{II}(k, i-1)$;

$S_1(k, i) = v_I(k, i-1) + [1 - \delta_I(k, 1)] * m * v_I(k, i-1)$;

$\overline{S}_1(k, i) = [1 - \delta_I(k, 1)] * m * v_I(k, i-1)$;

$D_{II}(k, i) = v_I(k, i-1) + [1 - \delta_I(k, 1)] * m * v_I(k, i-1)$;

$S_2(k, i) = c_{II}(k, i-1) + \delta_{II}(k, 1) * \gamma_{II}(k, i-1) * m * v_{II}(k, i-1)$;

16： endfor
17： endfor

第二节 第七章第二节相关公式的推导

一 关于（7-15）式

在企业规模相等、初始阶段企业正常生产的情况下，我们有 $s_{j,0} = 1, j \in \{1, \cdots, J\}$。如果企业选择超负荷生产，企业的利润为

$$\pi^H = [1 + (\theta_H - 1)\exp(1 - \theta_H)]K - FK - a\theta_H K - b\theta_H^2 K^2$$

如果企业选择正常生产，企业的利润为

$$\pi^1 = K - FK - aK - bK^2$$

如果企业选择轻负荷生产，企业的利润为

$$\pi^L = \theta_L K - FK - a\theta_L K - b\theta_L^2 K^2$$

企业选择正常生产的条件是 $\pi^1 > \max\{\pi^H, \pi^L\}$。$\pi^1 > \pi^H$ 的条件是

$$a + b(\theta_H + 1)K > \exp(1 - \theta_H)$$

$\pi^1 > \pi^L$ 的条件是

$$1 > a + b(1 + \theta_L)K$$

上述两式合在一起，即可得到（7-15）式。

二 关于（7-17）式

在企业规模相等、初始阶段部分企业超负荷生产的情况下，我们有 $s_{j,0} > 1$。

首先我们假设 $s_{j,0} > \theta_H$，即企业生产的全部产品都能够正常销售。如果企业选择超负荷生产，企业的利润为

$$\pi^H = \theta_H K - FK - a\theta_H K - b\theta_H^2 K^2$$

如果企业选择正常生产，企业的利润为

$$\pi^1 = K - FK - aK - bK^2$$

如果企业选择轻负荷生产，企业的利润为

$$\pi^L = \theta_L K - FK - a\theta_L K - b\theta_L^2 K^2$$

综上，企业选择正常生产的条件为

$$a + b(\theta_H + 1)K > 1, 1 > a + b(1 + \theta_L)K$$

其次，我们假设 $1 < s_{j,0} < \theta_H$，即企业如果超负荷生产，可能会出现产品积压的可能。如果企业选择超负荷生产，企业的期望利润为

$$\pi^H = [s + (\theta_H - s)\exp(s - \theta_H)]K - FK - a\theta_H K - b\theta_H^2 K^2$$

如果企业选择正常生产，企业的期望利润为

$$\pi^1 = K - FK - aK - bK^2$$

如果企业选择轻负荷生产，企业的期望利润为

$$\pi^L = \theta_L K - FK - a\theta_L K - a\theta_L^2 K^2$$

综上，企业选择正常生产的条件为

$$(1 - s) + a(\theta_H - 1) + b(\theta_H^2 - 1)K > (\theta_H - s)\exp(s - \theta_H), 1 > a + b(\theta_L + 1)K$$

令 $f(s) = s + (\theta_H - s)\exp(s - \theta_H), s \in [1, \theta_H]$。我们借助 $f(s)$ 函数的特性来分析企业正常生产的条件。该函数的一阶导数为 $f'(s) = 1 + (\theta_H - s - 1)\exp(s - \theta_H)$，二阶导数为 $f''(s) = (\theta_H - s - 2)\exp(s - \theta_H)$。不难发现，如果 $1 < s < \theta_H - 1$，$f(s)$ 是增函数。如果 $1 < s < \theta_H - 2$，$f(s)$ 是凸函数。如果 $s > \max\{\theta_H - 2, 1\}$ 或者 $\theta_H < 3$，$f(s)$ 是凹函数。综上可知，当 $\theta_H < 3$，$f(s)$ 为凹函数，$f(s)$ 的极大值即为最大值；当 $\theta_H > 3$ 时，如果 $s \in [1, \theta_H - 1]$，$f(s)$ 为增函数，此时 $f'(\theta_H - 1) = 1$；如果 $s \in [\theta_H - 1, \theta_H]$，$f(s)$ 为凹函数，$f'(\theta_H) = 0$。由连续函数的中值定理可知，对于 $s \in [\theta_H - 1, \theta_H]$，我们有 $f'(s) \geq 0$。这意味着，对于 $s \in [1, \theta_H]$，我们有 $f'(s) \geq 0$ 或者 $f(\theta_H) = \max\{f(s) : s \in [1, \theta_H]\}$。图 D-1 描述了不同的 θ_H 下，$f(s)$ 的变化情况。可以很清楚地看出，$f(s)$ 为增函数。

综合上面的分析可知，企业正常生产的条件为

$$a + b(\theta_H + 1)K > 1 > a + b(1 + \theta_L)K$$

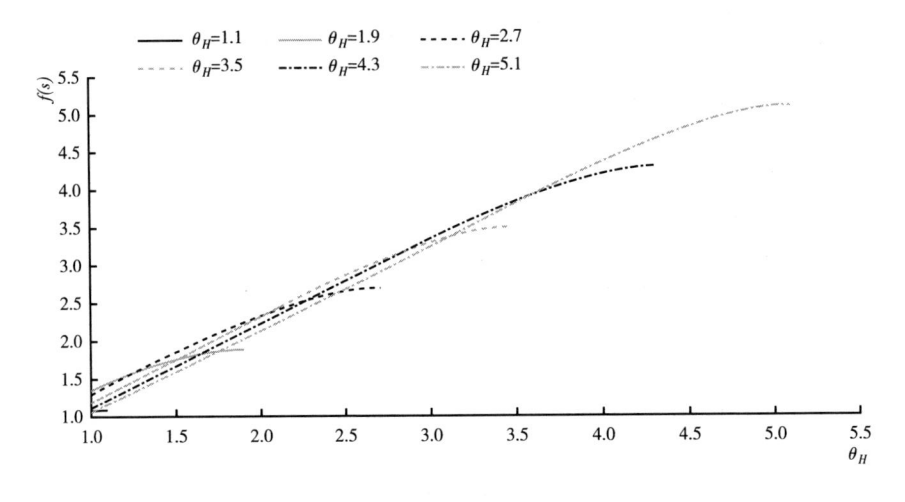

图 D-1 $f(s)$ 与 θ_H 的关系

三 关于 (7-18) 式的推导

在企业规模相等、初始阶段部分企业轻负荷生产的情况下,我们有 $s_{j,0} < 1$。

首先我们假设 $s_{j,0} < \theta_L$,即企业生产的全部产品都有可能积压。如果企业选择超负荷生产,企业的利润为

$$\pi^H = s + (\theta_H - s)\exp(s - \theta_H)K - FK - a\theta_H K - b\theta_H^2 K^2$$

如果企业选择正常生产,企业的利润为

$$\pi^1 = [s + (1 - s)\exp(s - 1)]K - FK - aK - bK^2$$

如果企业选择轻负荷生产,企业的利润为

$$\pi^L = [s + (\theta_L - s)\exp(s - \theta_L)]K - FK - a\theta_L K - b\theta_L^2 K^2$$

综上,企业选择正常生产的条件为

$$a(\theta_H - 1) + b(\theta_H^2 - 1)K > (\theta_H - s)\exp(s - \theta_H) - (1 - s)\exp(s - 1)$$

$$(1 - s)\exp(s - 1) - (\theta_L - s)\exp(s - \theta_L) > a(1 - \theta_L) + b(1 - \theta_L^2)K$$

令

$$f(s) = (\theta_H - s)\exp(s - \theta_H) - (1 - s)\exp(s - 1),$$
$$g(s) = (1 - s)\exp(s - 1) - (\theta_L - s)\exp(s - \theta_L)$$

计算可得

$$f'(s) = (\theta_H - s - 1)\exp(s - \theta_H) + s\exp(s - 1),$$
$$g'(s) = -s\exp(s - 1) - (\theta_L - s - 1)\exp(s - \theta_L)$$

对于 $g(s)$，因为 $s < \theta_L$，我们有 $g'(s) > 0$。对于 $f(s)$，如果 $s < \min\{\theta_H - 1, \theta_L\}$，我们有 $f'(s) > 0$；如果 $\theta_H - 1 < s < \theta_L$，则 $s > 1 + s - \theta_H$，结合 $\exp(s - 1) > \exp(s - \theta_H)$，我们有 $f'(s) \geqslant 0$。图 D-2 描述了特定参数下 $f(s)$、$g(s)$ 的变化情况。

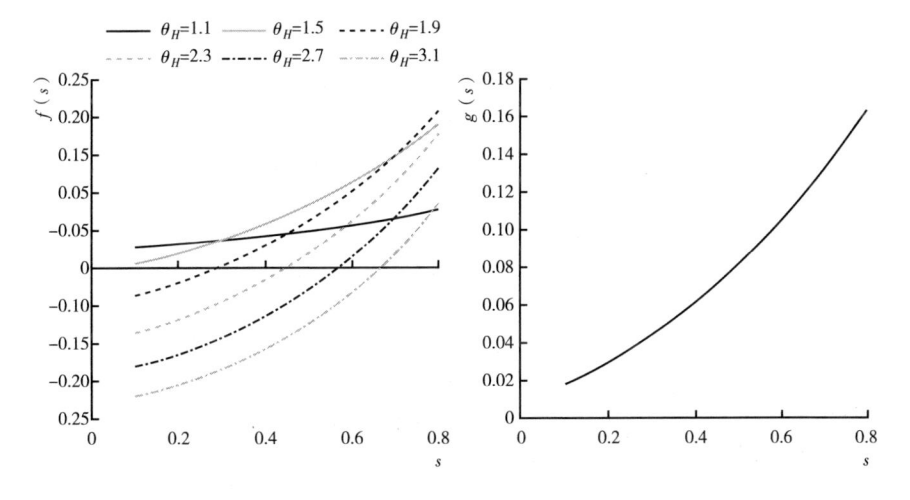

图 D-2 $f(s)$、$g(s)$ 与 s 的关系（$s < \theta_L = 0.8$）

其次，我们假设 $\theta_L < s_{j,0} < 1$，如果企业选择超负荷生产，企业的期望利润为

$$\pi^H = [s + (\theta_H - s)\exp(s - \theta_H)]K - FK - a\theta_H K - b\theta_H^2 K^2$$

如果企业选择正常生产，企业的期望利润为

$$\pi^1 = [s + (1 - s)\exp(s - 1)]K - FK - aK - bK^2$$

如果企业选择轻负荷生产，企业的期望利润为

$$\pi^L = \theta_L K - FK - a\theta_L K - a\theta_L^2 K^2$$

综上，企业选择正常生产的条件为

$$a(\theta_H - 1) + b(\theta_H^2 - 1)K > (\theta_H - s)\exp(s - \theta_H) - (1 - s)\exp(s - 1)$$

$$(s - \theta_L) + (1 - s)\exp(s - 1) > a(1 - \theta_L) + b(1 - \theta_L^2)K$$

令 $f(s) = (\theta_H - s)\exp(s - \theta_H) - (1 - s)\exp(s - 1)$，$g(s) = (s - \theta_L) + (1 - s)\exp(s - 1)$。计算可得，$f'(s) = (\theta_H - s - 1)\exp(s - \theta_H) + s\exp(s - 1)$，$g'(s) = 1 - \exp(s - 1)$。对于 $g(s)$，$g''(s) = -\exp(s - 1) < 0$，$g'(1) = 0$，故 $g'(s) \geq 0$。对于 $f(s)$，根据前面的分析，有 $f'(s) > 0$。图 D-3 描述了特定参数下 $f(s)$、$g(s)$ 的变化情况。

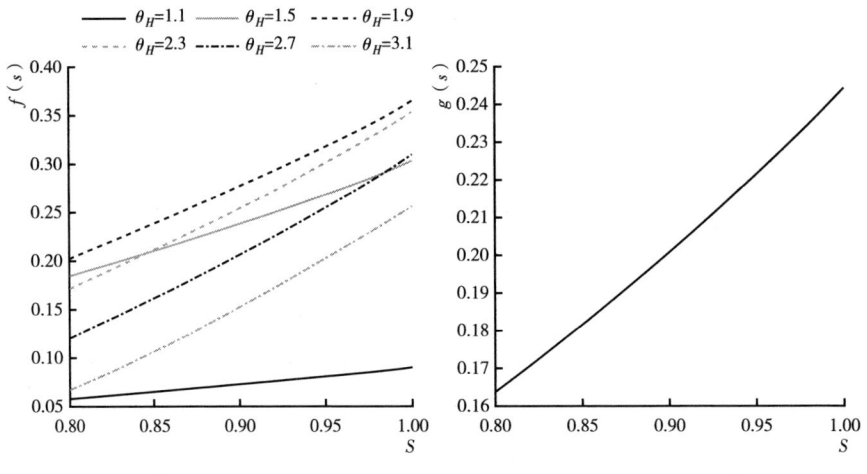

图 D-3　$f(s)$、$g(s)$ 与 s 的关系（$s \in [\theta_L = 0.8, 1]$）

结合两种情形下的分析，我们可以得到（7-18）式。

四　关于（7-19）式的推导

对于企业 j。如果 $s_{j,t} > \theta_H$，企业选择正常生产的利润为

$$\pi_{j,t}^1(s_{j,t} > \theta_H) = K_j - FK_j - aK_j - bK_j^2$$

企业选择超负荷生产，利润为

$$\pi_{j,t}^H(s_{j,t} > \theta_H) = \theta_H K_j - FK_j - a\theta_H K_j - b\theta_H^2 K_j^2$$

企业选择轻负荷生产，利润为

$$\pi_{j,t}^L(s_{j,t} > \theta_H) = \theta_L K_j - FK_j - a\theta_L K_j - b\theta_L^2 K_j^2$$

企业选择正常生产的条件是

$$\pi_{j,t}^1(s_{j,t} > \theta_H) \geq \max\{\pi_{j,t}^H(s_{j,t} > \theta_H), \pi_{j,t}^L(s_{j,t} > \theta_H)\}$$

令 $f(\theta_H, K_j) = a + b(1 + \theta_H)K_j - 1$，$g(\theta_L, K_j) = 1 - a - b(1 + \theta_L)K_j$。当 $f(\theta_H, K_j) \geq 0$，$g(\theta_L, K_j) \geq 0$ 时，上述条件成立。从 $\frac{\partial f(\theta_H, K_j)}{\partial K_j} = b(1 + \theta_H) > 0$，$\frac{\partial g(\theta_L, K_j)}{\partial K_j} = -b(1 + \theta_L) < 0$，我们可知企业规模越大，企业越不会选择超负荷生产；企业规模越小，企业越不会选择轻负荷生产。背后的原因是成本函数的凸性。

如果 $s_{j,t} \in [1, \theta_H]$，企业选择正常生产的利润为

$$\pi_{j,t}^1(1 \leq s_{j,t} \leq \theta_H) = K_j - FK_j - aK_j - bK_j^2$$

企业选择轻负荷生产的利润是

$$\pi_{j,t}^L(1 \leq s_{j,t} \leq \theta_H) = \theta_L K_j - FK_j - a\theta_L K_j - b\theta_L^2 K_j^2$$

企业选择超负荷生产，利润为

$$\pi_{j,t}^H(1 \leq s_{j,t} \leq \theta_H) = [s_{j,t} + (\theta_H - s_{j,t})\exp(s_{j,t} - \theta_H)]K_{j,t} - FK_j - a\theta_H K_j - b\theta_H^2 K_j^2$$

企业选择正常生产的条件是

$$\pi_{j,t}^1(1 \leq s_{j,t} \leq \theta_H) \geq \max\{\pi_{j,t}^H(1 \leq s_{j,t} \leq \theta_H), \pi_{j,t}^L(1 \leq s_{j,t} \leq \theta_H)\}$$

同样，如果 $f(\theta_H, K_j) \geq 0$，$g(\theta_L, K_j) \geq 0$ 时，上述条件成立。

如果 $s_{j,t} \in [\theta_L, 1]$，企业选择正常生产的利润为

$$\pi_{j,t}^1(\theta_L \leq s_{j,t} \leq 1) = [s_{j,t} + (1 - s_{j,t})\exp(s_{j,t} - 1)]K_j - FK_j - aK_j - bK_j^2$$

企业选择轻负荷生产的利润是

$$\pi_{j,t}^L(\theta_L \leq s_{j,t} \leq 1) = \theta_L K_j - FK_j - a\theta_L K_j - b\theta_L^2 K_j^2$$

企业选择超负荷生产，利润为

$$\pi_{j,t}^H(\theta_L \leq s_{j,t} \leq 1) = [s_{j,t} + (\theta_H - s_{j,t})\exp(s_{j,t} - \theta_H)]K_{j,t} - FK_j - a\theta_H K_j - b\theta_H^2 K_j^2$$

企业选择正常生产的条件是

$$\pi_{j,t}^1(\theta_L \leq s_{j,t} \leq 1) \geq \max\{\pi_{j,t}^H(\theta_L \leq s_{j,t} \leq 1), \pi_{j,t}^L(\theta_L \leq s_{j,t} \leq 1)\}$$

结合上一节的分析，企业选择正常生产的条件是

$$a + b(1 + \theta_H)K > \exp(1 - \theta_H), 1 > a + b(1 + \theta_H)K$$

如果 $s_{j,t} < \theta_L$，企业选择正常生产的利润为

$$\pi_{j,t}^1(s_{j,t} < \theta_L) = [s_{j,t} + (1 - s_{j,t})\exp(s_{j,t} - 1)]K_j - FK_j - aK_j - bK_j^2$$

企业选择超负荷生产的利润为

$$\pi_{j,t}^H(s_{j,t} < \theta_L) = [s_{j,t} + (\theta_H - s_{j,t})\exp(s_{j,t} - \theta_H)]K_j - FK_j - a\theta_H K_j - b\theta_H^2 K_j^2$$

企业选择轻负荷生产的利润是

$$\pi_{j,t}^L(s_{j,t} < \theta_L) = [s_{j,t} + (\theta_L - s_{j,t})\exp(s_{j,t} - \theta_L)]K_j - FK_j - a\theta_L K_j - b\theta_L^2 K_j^2$$

企业选择正常生产的条件是

$$\pi_{j,t}^1(s_{j,t} < \theta_L) \geq \max\{\pi_{j,t}^H(s_{j,t} < \theta_L), \pi_{j,t}^L(s_{j,t} < \theta_L)\}$$

结合上一节的分析，企业选择正常生产的条件是

$$a(\theta_H - 1) + b(\theta_H^2 - 1)K_j > (\theta_H - \theta_L)\exp(\theta_L - \theta_H) - (1 - \theta_L)\exp(\theta_L - 1)$$
$$\exp(\theta_L - 1) > a + b(1 + \theta_L)K_j$$

$s_{j,t}$ 与 θ_H，θ_L 的关系，受企业规模分布的影响。如果企业的规模相差不大，对于企业 J，可能会出现 $s_{J,t} > \theta_H$，对于企业 1，也存在 $s_{1,t} < \theta_L$ 的可能性。

如果企业的规模相差很大，对于企业 J，可能不会出现 $s_{J,t} > \theta_L$，对于企业 1，也没有 $s_{1,t} < \theta_L$ 的可能性。结合上面四种情形的分析，我们可得社会正常生产的条件①

$$a + b(1 + \theta_H)K_1 > 1, \exp(\theta_L - 1) > a + b(1 + \theta_L)K_J$$

五 图 7-19 的算法实现伪代码

Algorithm 2 企业规模不平等条件下社会平均产出和供需的变化

Require： $\theta_H, \theta_L, a, b, J, K = 10 + 3U[0,1]$，$\overline{K} = \dfrac{\sum_{j=1}^{J} K_j}{J}$，$Q = \overline{K} \times 1_{(T+1) \times 1}$，$s = 1_{J \times T}$，$q = 1_{J \times T}$；$T$；$t = (1:1:T)'$；

Ensure： Q，SD

1： for $i = 1:T$ do
2：   for $j = 1:J$ do
3： $s(j,i) = Q(i)/K(j)$；
4：   if $s(j,i) > \theta_H$ then   ▷ 第一种情形
5： $\pi^H = \theta_H K(j) - a\theta_H K(j) - b\theta_H^2 K(j)^2$；
              $\pi^1 = K(j) - aK(j) - bK(j)^2$；
              $\pi^L = \theta_L K(j) - a\theta_L K(j) - b\theta_L^2 K(j)^2$；
              $\pi = \max(\pi^1, \pi^H, \pi^L)$；
6：   if $\pi^H == \pi$ then
7： $q(j,i) = \theta_H K(j)$；
8：   elseif $\pi^1 == \pi$ then
9： $q(j,i) = K(j)$；

---

① 我们可以采用放逐法将 $S_{j,t} < \theta_L$ 的条件进行简化。
$a(\theta_H - 1) + b(\theta_H^2 - 1)K_J > (\theta_H - 1) > (\theta_H - 1)\exp(\theta_L - \theta_H) > (\theta_H - 1)\exp(\theta_L - \theta_H) + (1 - \theta_H)[\exp(\theta_L - \theta_H) - \exp(\theta_L - 1)] = (\theta_H - \theta_L)\exp(\theta_L - \theta_H) - (1 - \theta_L)\exp(\theta_L - 1)$。

10:　　　　else
11:　　　　　　$q(j,i) = \theta_L K(j)$
12:　　　　endif
13:　　elseif　$s(j,i) \leq \theta_H \&\& s(j,i) > 1$　then　▷ 第二种情形
14: $\pi^H = (s(j,i) + (\theta_H - s(j,i))\exp(s(j,i) - \theta_H))K(j) - a\theta_H K(j) - b\theta_H^2 K(j)^2$;

$$\pi^1 = K(j) - aK(j) - bK(j)^2 ;$$
$$\pi^L = \theta_L K(j) - a\theta_L K(j) - b\theta_L^2 K(j)^2 \$;$$
$$\pi = \max(\pi^1, \pi^H, \pi^L) ;$$

15:　　　　if　$\pi^H == \pi$ then
16:　　　　　　$q(j,i) = \theta_H K(j)$;
17:　　　　elseif　$\pi^1 == \pi$ then
18:　　　　　　$q(j,i) = K(j)$;
19:　　　　else
20:　　　　　　$q(j,i) = \theta_L K(j)$
21:　　　　endif
22:　　elseif　$s(j,i) \leq 1 \&\& s(j,i) > \theta_L$　then　▷ 第三种情形
23: $\pi^H = ((s(j,i) + (\theta_H - s(j,i))\exp(s(j,i) - \theta_H))K(j) - a\theta_H K(j) - b\theta_H^2 K(j)^2$;

$$\pi^1 = (s(j,i) + (1 - s(j,i))\exp(1 - \theta_H))K(j) - aK(j) - bK(j)^2 ;$$
$$\pi^L = \theta_L K(j) - a\theta_L K(j) - b\theta_L^2 K(j)^2 ;$$
$$\pi = \max(\pi^1, \pi^H, \pi^L) ;$$

24:　　　　if　$\pi^H == \pi$ then
25:　　　　　　$q(j,i) = \theta_H K(j)$;
26:　　　　elseIf　$\pi^1 == \pi$ then

27:                    $q(j,i) = K(j)$;
28:          else
29:                    $q(j,i) = \theta_L K(j)$
30:          endif
31:     else   ▷ 第四种情形
32: $\pi^H = (s(j,i) + (\theta_H - s(j,i))\exp(s(j,i) - \theta_H))K(j) - a\theta_H K(j) - b\theta_H^2 K(j)^2$;
33: $\pi^1 = (s(j,i) + (1 - s(j,i))\exp(1 - \theta_H))K(j) - aK(j) - bK(j)^2$;
$\pi^L = (s(j,i) + (\theta_L - s(j,i))\exp(s(j,i) - \theta_L))K(j) - a\theta_L K(j) - b\theta_L^2 K(j)^2$;
$\pi = \max(\pi^1, \pi^H, \pi^L)$;
34:          if $\pi^H == \pi$ then
35:                    $q(j,i) = \theta_H K(j)$;
36:          elseif $\pi^1 == \pi$ then
37:                    $q(j,i) = K(j)$;
38:          else
39:                    $q(j,i) = \theta_L K(j)$
40:          endif
41:          endif
42:     endfor
43:          $Q(i+1) = \text{mean}(q(:,i))$; $DS = Q(2:\text{end},1) - Q(1:\text{end}-1,1)$;
44:     endfor

图书在版编目（CIP）数据

不平等与经济危机：基于马克思主义政治经济学视角/贺大兴著. --北京：社会科学文献出版社，2022.7（2023.8 重印）
　ISBN 978-7-5201-9918-6

　Ⅰ.①不… Ⅱ.①贺… Ⅲ.①平等（经济学）-研究 Ⅳ.①F036

　中国版本图书馆 CIP 数据核字（2022）第 047139 号

不平等与经济危机：基于马克思主义政治经济学视角

著　　者 / 贺大兴
出 版 人 / 冀祥德
责任编辑 / 孔庆梅
责任印制 / 王京美

出　　版 / 社会科学文献出版社·经济与管理分社（010）59367226
　　　　　 地址：北京市北三环中路甲29号院华龙大厦　邮编：100029
　　　　　 网址：www.ssap.com.cn
发　　行 / 社会科学文献出版社（010）59367028
印　　装 / 唐山玺诚印务有限公司
规　　格 / 开　本：787mm×1092mm　1/16
　　　　　 印　张：12.25　字　数：165千字
版　　次 / 2022年7月第1版　2023年8月第2次印刷
书　　号 / ISBN 978-7-5201-9918-6
定　　价 / 79.00元

读者服务电话：4008918866

版权所有 翻印必究